金融产品与客户服务

孙诺　邱晓旭　贺潇仪　主　编

电子工业出版社
Publishing House of Electronics Industry
北京·BEIJING

内 容 简 介

本书分为 3 个单元，包括 9 个项目及若干个任务。本书坚持以实用为原则，以职业情景引入学习内容，利于激发学生的学习兴趣；以真实的岗位工作内容为学习案例，利于学生实践操作并掌握学习内容。本书以销售流程和服务规范为依据，用典型的职业活动作为学习情境，简明地阐述了金融产品销售的基本内容，便于增强学生对金融产品的直观认知，以及理解和把握在金融产品营销环节中应掌握的服务技能和规范，并通过模拟营销和案例分析，提高学生的实际服务能力和营销能力。

本书适合中等职业学校金融事务相关专业学生使用，也可以作为相关专业初学者入门学习的辅导书和参考用书。

未经许可，不得以任何方式复制或抄袭本书之部分或全部内容。
版权所有，侵权必究。

图书在版编目（CIP）数据

金融产品与客户服务 / 孙诺，邸晓旭，贺潇仪主编. —北京：电子工业出版社，2019.7

ISBN 978-7-121-35283-6

Ⅰ．①金… Ⅱ．①孙… ②邸… ③贺… Ⅲ．①金融产品—销售服务—中等专业学校—教材 Ⅳ．①F830.9

中国版本图书馆 CIP 数据核字（2018）第 242477 号

策划编辑：关雅莉
责任编辑：张 慧
印　　刷：北京虎彩文化传播有限公司
装　　订：北京虎彩文化传播有限公司
出版发行：电子工业出版社
　　　　　北京市海淀区万寿路 173 信箱　邮编　100036
开　　本：787×1 092　1/16　印张：8.5　字数：217.6 千字
版　　次：2019 年 7 月第 1 版
印　　次：2024 年 8 月第 5 次印刷
定　　价：28.00 元

凡所购买电子工业出版社图书有缺损问题，请向购买书店调换。若书店售缺，请与本社发行部联系，联系及邮购电话：(010) 88254888，88258888。

质量投诉请发邮件至 zlts@phei.com.cn，盗版侵权举报请发邮件至 dbqq@phei.com.cn。

本书咨询联系方式：(010) 88254617，luomn@phei.com.cn。

前　言

　　本书是北京市金融示范专业精品课程建设中配套开发的教材。本书主要面向中等职业学校金融事务专业学生，同时也可以为金融类企业的行业培训提供教学参考。

　　本书共分三个单元，单元一"金融产品认知"，可以帮助读者清楚地了解金融产品的不同类型和发展情况；单元二"金融产品推介"，主要介绍银行主流的金融产品及其相关知识和功能；单元三"金融产品服务"，主要以银行销售的金融产品为载体，以销售流程和服务规范为依据，用典型的职业活动作为学习情境，简明地阐述了金融产品销售的基本内容，便于增强学读者对金融产品的直观认知，以及理解和把握营销金融产品环节中应掌握的服务技能和规范，并通过模拟营销和案例分析，提高读者的实际服务能力和营销能力。

　　本书以职业情景引入学习内容，利于激发读者的学习兴趣；以真实的岗位工作内容作为学习案例，利于读者实践操作并掌握学习内容。本书的特点是：第一，学习内容具有全面性。本书基本涵盖目前银行销售的主要金融产品，可以帮助读者全面掌握各种金融产品的相关知识和服务要求，更好地适应今后工作中多种工作内容的不同要求；第二，能力培养具有综合性。本书内容涵盖面广，可以帮助读者学习金融产品的专业知识、营销知识、服务规范、法律规定等相关内容，通过案例和职业情景的模拟，可提高读者的综合能力；第三，思维训练具有创新性。本书提供的案例内容基本涉及各项金融业务的营销理念、服务意识和风险防范等内容，可引导读者思考如何面对每位客户的不同需求，以便提供更好的个性化服务。希望通过本书能够帮助读者不断创新思维，更好地维护银行的品牌和营销人员的形象，从而提高服务质量。

本书单元一"金融产品认知"中的项目一由侯庆辉老师编写，项目二由张小芃老师编写；单元二"金融产品推介"中的项目一由贺潇仪老师编写，项目二由孙诺老师编写，项目三和项目四由邸晓旭老师编写，项目五由丁辉老师编写；单元三"金融产品服务"中的项目一由宋伟老师编写，项目二由宋伟老师与贺潇仪老师共同编写。由于编者水平有限，书中难免有疏漏之处，恳请读者提出意见和建议。

编　者

目 录

单元一　金融产品认知

项目一　金融产品的基本知识 ………………………………………………………003

　　任务一　金融产品的含义与特征 ……………………………………………003

　　任务二　主要金融产品的类型 ………………………………………………011

项目二　金融产品的产生、发展与现状 ……………………………………………015

　　任务一　金融产品的产生与发展 ……………………………………………015

　　任务二　金融产品的现状 ……………………………………………………021

单元二　金融产品推介

项目一　银行理财产品业务 …………………………………………………………027

　　任务一　银行理财产品 ………………………………………………………027

　　任务二　银行理财产品投资 …………………………………………………034

项目二　证券类产品业务 ……………………………………………………………039

　　任务一　债券 …………………………………………………………………039

　　任务二　证券投资基金 ………………………………………………………047

项目三　保险产品业务···055

　　任务一　保险···055

　　任务二　理财型保险···061

项目四　贵金属产品业务···068

　　任务一　贵金属···068

　　任务二　贵金属投资···072

项目五　信用卡业务···077

　　任务一　认识信用卡···077

　　任务二　使用信用卡···083

单元三　金融产品服务

项目一　金融产品服务基本流程·······································097

　　任务一　了解客户需求与金融产品推介·······························097

　　任务二　金融产品办理···102

　　任务三　送别客户与后期维护·······································108

项目二　金融产品服务规范与注意事项·································114

　　任务一　金融产品服务规范···114

　　任务二　金融产品服务注意事项·····································119

　　任务三　个性化客户服务···124

单元一
金融产品认知

单元学习目标

1. 掌握金融产品的含义,能够从金融服务和金融工具两个层面理解金融产品。
2. 了解金融产品的主要特征。
3. 了解金融产品常用的分类方法,熟悉每种分类方法所包含的金融产品。
4. 了解金融产品的产生、发展及现状。

金融产品的基本知识

 项目内容

任务一　金融产品的含义与特征
任务二　主要金融产品的类型

 项目目标

1．掌握金融产品的含义，了解金融产品的常用名称。
2．熟悉金融产品的特征。
3．了解金融产品的分类方法，熟悉每种分类方法所包含的金融产品。

任务一　金融产品的含义与特征

 任务情景

小童是中等职业学校金融专业的二年级学生，他利用暑假到银行实训。客户经理问小童都学过哪些金融方面的知识，并打算让小童负责金融产品的销售，建立与客户的联系，以培养小童的客户服务意识。小童认为虽然自己在学校里学习过相关的金融方面的知识，但是如果要从事这方面的工作，就需要再认真复习一下金融方面的专业知识。下面，让小童带领我们一起复习一下金融方面的知识吧！

任务布置

掌握金融产品的含义,熟悉金融产品的特征。

讨论探究:说到金融产品,我们耳熟能详的如股票、基金等产品,有时被称为金融资产,有时被称为金融工具,这些名称之间有什么差异和联系吗?

课堂随笔:_____
_____
_____

任务分析

我们对"金融"两个字耳熟能详,但具体来讲,什么是金融产品,它又是怎样将国家大型基础设施建设和普通老百姓联系在一起的,它的出现给我们的生活带来了怎样的改变。

任务实施

一、金融产品的含义

金融产品也称金融工具,是金融市场的交易对象,即金融机构向金融市场提供的,能够满足市场某种需要的,与货币资金连接在一起的一切服务项目,以及与资金融通的具体形式相联系的服务载体。具体地讲,金融产品包括两方面的含义,从金融服务方面来讲,金融产品是与货币资金连接在一起的一切服务;从金融工具方面来讲,金融产品是与货币资金融通相联系的服务载体。

金融产品,根据不同的使用者、不同的目的、不同的作用等,有四种不同的名字,即金融产品、金融资产、金融工具和有价证券。以股票为例,对市场而言,股票是金融产品;对发行者而言,股票是用于融资的金融工具;对交易者而言,股票是用于投资或投机获利的金融工具;对公司财务而言,股票是金融资产或有价证券。

金融产品具有经济价值,是可以进行公开交易或兑现的非实物资产,也叫作有价证券,如现金、汇票、股票、期货、债券、保单等。例如,人们可以用现金购买任何商品,包括金融产品;人们可以到银行承兑汇票变为现金;人们可以在金融市场任意买卖或交易股票、期货等;人们持有的债券、保单等到期后可以兑换(变成现金)。

金融产品的三层次理论:金融产品由核心产品(利益产品)、形式产品与扩展产品(附加产品)三个基本层次组成。

（一）核心产品

核心产品是指提供给客户基本利益或效用的金融产品，是客户希望得到的主要服务，是居于核心地位的金融产品。核心产品体现了金融产品的使用价值，如果核心产品不符合客户的需要，那么即使其形式产品与扩展产品再丰富也不会吸引客户。

金融产品的核心收益是多样的，包括利息、股息、分红、透支、保险、价值、地位、自尊和各种预期心理等。

（二）形式产品

形式产品是金融产品的具体形式。形式产品体现了核心产品的外部特征，并满足了不同客户的需求。金融产品多是无形产品，其价值通过提供服务的质量与方式来体现。金融企业在进行市场营销时必须注重企业所提供的形式产品，并应设计出形式多样的产品和服务以突出企业的特色，让客户有更多的选择，以增强金融企业对客户的吸引力，从而建立金融企业品牌形象。例如，广东发展银行的银行卡部门专门为吸引女性客户设计并推出了紫色半透明的"女人卡"和可以作为项链坠的"迷你卡"。

（三）扩展产品

扩展产品是指金融产品除满足客户的基本消费需求外，还为客户提供更多的服务与额外利益，是金融产品的延伸与扩展。由于金融产品具有较大的相似性，所以金融企业要想使自己的产品区别于其他金融企业以吸引更多的客户，就必须在附加产品上多下功夫。20世纪60年代以来，随着金融企业的不断发展，金融业务呈现出系列化趋势，即在某一产品中附加其他各种服务项目以解决客户的多种问题，从而为客户提供更大的便利。由此可见，能否为客户提供灵活多样的附加服务将直接影响金融企业营销的有效性。扩展产品是银行间业务差异化的新型武器，它要求银行加快创新步伐，为客户提供更全面的服务。

二、金融产品特征

金融产品具有期限性、收益性、流动性、风险性等主要特征，以及无形性、不可分割性、累加性、差异性、易模仿性、季节性、增值性等基础特征。

金融产品具有如下主要特征。

（一）期限性

期限性是指金融产品一般有约定的偿还期，以及规定发行者届时必须履行还本付息的义务。

（二）收益性

收益性是指持有金融产品可以获得一定的报酬和金融产品本身的价值增值，这是投资者转让资源所有权或使用权的回报。

（三）流动性

流动性是指金融产品能够以合理的价格，在金融市场上流通转让和变现的特性。

（四）风险性

风险性是指金融产品的持有人面临预期收益不能实现，甚至连本金也遭受损失的可能性。除此之外，金融产品还具有如下基本特征。

（五）无形性

客户在购买金融产品时无法看到，也无法感觉到，金融企业只能通过文字、数据等与客户进行交流。金融产品在自然形态上经常是无形的，不具备某些鲜明的物理特性，这使得金融产品可以有比较广泛的想象空间。因此，如何通过某些有形的形式与特点设计，让金融产品具有吸引客户的强大魅力，是金融产品开发的关键性因素。

（六）不可分割性

金融产品的销售与服务的提供具有同时性，二者不能分开。金融产品的销售过程与服务过程等联系起来，使金融产品具有不可分割性。因此，在整个营销过程中要注意各个环节的相互关联。

（七）累加性

一般产品仅具有某种特殊的使用价值，如粮食可以满足人们对食物的需求，衣服可以使人们抵御寒冷，它们的使用价值往往比较单一，而获得金融产品的客户可以享受多种多样的金融服务。例如，某企业申请贷款获得批准后，银行可以为其提供汇划转账、提取现金、账户管理、不同币种兑换、期货交易、期权交易及投资咨询等各种服务项目。

（八）差异性

金融产品的质量因地、因人而异。不同的金融企业，甚至同一金融企业的不同分支机构所提供的金融产品或服务亦不尽相同。例如，同为信用卡，中国银行的"长城卡"除具有消费、储蓄等基本功能外，还提供"290"金融电信服务；而招商银行的"一卡通"则具有消费、储蓄、异地汇兑、划转股票交易保证金功能，甚至还有公交充值等功能。

（九）易模仿性

金融产品容易被模仿，且模仿速度快。工业企业所提供的一般产品可以向有关方面申请专利，使本企业的产品权益受到法律的保护。与工业企业不同，金融产品大多数为无形服务，因而金融产品没有专利可言。

（十）季节性

客户对金融产品的需求因时间而异，体现出较强的季节性特征，如投入农业生产的贷款，工商企业的生产贷款，以及耐用消费品和旅游贷款等，都表现出显著的季节性特征。

（十一）增值性

一般产品在使用过程中会逐渐消耗直到完全报废，而金融产品却能够为客户带来比购买的产品本身更大的价值，客户购买一般产品是为了获得产品的使用功能，而购买金融产品（如基金、保险等）的最主要目的是为了产品增值。在购买和使用金融产品的过程中，其价值和使用价值不仅不会消耗，而且相反还能直接或间接地产生盈利及其他难以度量的便利。例如，储蓄存款给客户带来利息的直接盈利，使存入银行的资金增值；住房贷款、汽车贷款则是使客户在获得资金后，提前享受某种便利。

三、金融产品的构成要素

一个金融产品是一系列具体规定和约定的组合。虽然不同的金融产品有不同的具体规定和约定，但是每种金融产品都应具备如下几个构成要素。

（一）发行者

任何金融产品都必须有其卖主，即发行者。债券的发行者就是债务人，没有债务人的债务关系是无法想象的。股票也一样，必须要有特定的发行者，该发行者是股票认购者的共同财产。发行者通过出售金融产品取得收入，但不是任何个人或企业都可以向社会发行金融产品取得收入。与这样的金融收入相对应，发行者要承担一定的义务。

为了保证这些义务的履行，大多数金融产品的发行者在发行时要符合一定的条件，在发行后要接受金融管理机构和投资者的监督（如信息公开、业务活动的某些限制等）。

发行者在设计金融产品时首先要弄清楚自己有权发行哪些产品。投资者也一样，在认购金融产品之前要明确对方有没有权利发行那些产品。

（二）认购者

不是所有的认购者都可以从金融市场上购买他想购买的任何金融产品。有些市场（如银行间同业拆借市场）只向一小部分金融机构开放。因此，认购者在认购某个金融产品之前，首先应当了解自己是否有权利购买该产品，发行者在发行某个金融产品之前也应当知道这一产品的可能认购者，以便估计其潜在的资金来源。

（三）期限

金融产品的期限有长短之分，在一般情况下，货币市场上的产品期限比较短，资本市场上的产品期限比较长。

金融产品的期限还可分为有期限和无期限。大部分债券和所有的货币市场产品都是有期限的。至于股票，从理论上说是无期限的，其存在的时间和企业存在的时间同样长。

发行者应当根据需要选择适当期限的金融产品。对于认购者也一样，认购者认购的金融产品期限应根据其资金的可投资年限来决定，过短或过长都可能要面临利率下跌或上升的风险。

（四）价格

价格是金融产品的核心要素。发行者出售金融产品的目的是为了得到相当于产品价格的收入，而认购者的投资金额正好等于他购入的金融产品的价格。

在金融产品的价格上，应当区分票面价格和市场价格。

票面价格是合同中规定的名义价格。债券的票面价格通常相当于本金，与票面利息率一起构成每期利息额的依据。股票的票面价格在企业的资产负债表中用于计算企业的注册资本额。

市场价格是金融产品在市场上的成交价格，相当于认购者实付、发行者实收的价格。

市场价格还可分为一级市场价格和二级市场价格。一级市场的价格和票面价格有一定的联系。例如，债券的票面价格与市场价格之间的关系取决于票面利率与市场利率的差别、债券的偿还方式、债券的偿还期限长短等因素。但在二级市场上，市场价格的变动不受票面价格的限制。

（五）收益和收益率

收益率是金融产品的另一个核心要素，它表示该金融产品给其持有者带来的收入占其投资的比率。金融产品的收益包括两种：一种是证券利息收入，简称收入或经常性收入；另一种是资本增益或损益。利息收入是指在金融产品持有期内获得的利息收入，如债券按期支付债息的收入或股票按期支付股息的收入等。资本增益或损益则是指由于所持证券价格的升降变动而带来的本金的升值或减值。

（六）风险

通常把风险看作一种危险，或者将其看作一种带来损失或失败的可能性。可以认为，金融产品的投资风险是指对未来的不确定性而产生的预期收益损失的可能。在市场上存在着如下四种风险与收益组合而成的投资机会。

（1）高风险与低收益。

（2）低风险与高收益。

（3）高风险与高收益。

（4）低风险与低收益。

对于投资者来说，要获取高的收益，就必须承受高的风险，高收益必然伴随着高风险。但反过来，若投资者承担了高风险，却不一定能够确保高收益，这是因为高风险的含意本身就是不确定的。高风险的结果可能是高收益，也可能是低收益，甚至可能是高损失。收益显然是以风险作为代价的。

（七）流通性

流通性是一种资产转换为货币的能力，某种资产一经需要可随即转换为货币，交易费用很低，且不承担本金的损失，该资产就具有较高的流通性。反之，资产的流通性就较低。

绝大多数的金融产品都可以在次级市场上自由流通，如私人持有的普通股票、债券等。但也有一部分金融产品不可以流通，或者在流通时要满足特定的条件。例如，平常的定期存折不能流通，用作抵押担保的金融产品不能流通，以及所有在发行时规定不可流通的产品。还有一些金融产品只在某些特定的情况下才能流通。

流通性是金融产品的一个重要的质量指标，那些不可流通的金融产品在市场上只能以较低的价格发行。同理，即使是可以流通的金融产品，如果其流通条件很差（如日成交量特别小），则也只能以较低的价格流通。

（八）权力

金融产品作为一种财产权凭证，可以赋予持有人与该金融产品类别相对应的权力。例如，债券持有人作为债权人，拥有到期获得本金和利息的权利，以及发行者破产时剩余财产的优先索偿权。股票持有人作为公司的股东，有权参加股东大会，有权选举公司董事，有权参与公司重大事项的决策。

任务反馈

1. 请详述金融产品的含义。
_____
_____
_____

2. 请详述金融产品具有哪些主要特征。
_____
_____
_____
_____

任务评价

结合任务评价表，对完成任务情况做出评价。

任务评价表

工作任务			金融产品的含义与特征	
评价要点			评价标准	评价得分
出勤情况			☆☆☆	
遵守职业岗位纪律情况			☆☆☆	
任务实施	小组讨论探究，阐述回答，展示团队及团队合作的有效性	自评	☆☆☆	
		他评	☆☆☆	
		师评	☆☆☆	
任务反馈情况			☆☆☆	

任务拓展

广义的金融产品是指金融服务企业向市场上的客户提供的一切服务，包括存款、贷款、转账结算、财务管理等，它在基本的产品组合中包含了客户对金融产品营销过程的感知。请问，客户感知体现在哪些方面？

_____
_____
_____
_____
_____
_____
_____

知识链接

广义的金融产品

广义的金融产品是指金融服务企业向市场上的客户提供的一切服务，包括存款、贷款、转账结算、财务管理等，它在基本的产品组合中包含了客户对金融产品营销过程的感知。

客户对金融服务过程的感知体现在以下三个方面：

- 金融服务的可获得性；
- 客户与金融组织的互动性；
- 客户的参与情况（如图 1-1 所示）。

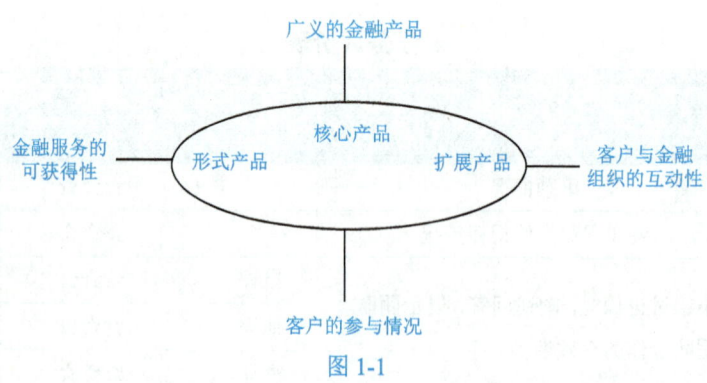

图 1-1

任务二　主要金融产品的类型

任务情景

小童觉得金融市场上的各种金融产品琳琅满目，客户了解起来费时费力，不如进行适当分类，以便让客户在诸多的金融产品中尽快定位投资需求。下面来看看小童给金融产品都做了哪些分类？

任务布置

掌握金融产品类型，指出每个类型下都包含哪些金融产品？

讨论探究：我们个人理财时，经常购买如股票、基金等金融产品。请问，企业在经营过程中，可以通过购买金融产品获得收益吗？如果可以，那么有哪些企业金融产品呢？

课堂随笔：_____
_____
_____

任务分析

金融产品的分类方法很多，其中包括按产品形态划分，按发行者的性质划分，按信用关系存续的时间长短划分，按营销的目标群体不同划分和从提供者的角度划分。

任务实施

金融产品的分类的方法和角度非常多，这里介绍几种主要的分类方法。

（1）根据产品形态不同，金融产品可分为三种类型，即货币、有形产品、无形产品。

- 货币。货币是指任何一种可以被广泛地接受为商品和服务支付手段的金融产品。随着货币制度的变化，货币的形态也会发生变化，从实物货币（如贝壳等）和金属货币（如金、银等），发展到现在的纸币。

- 有形产品。有形产品种类繁多，包括公债、短期国债、外债、民间债、公司债券、短期国库券、流通存单、银行承兑汇票、商业票据、本票、预填日期支票、以实物偿还的债券、有奖债券、股票、支票、保险单、储蓄等。
- 无形产品。无形产品即金融服务，大体分为放款、存款、国外服务、转账储蓄、地点或时间性服务、信用服务等服务。

（2）按照发行者的性质划分，金融产品可分为直接金融产品和间接金融产品。

- 直接金融产品是指最后贷款人与最后借款人之间直接进行融资活动所使用的工具，由公司、企业、政府机构等非金融机构发行或签署，主要包括公司债、股票、抵押契约，公债券、国库券。
- 间接金融产品是指金融机构在最后贷款人与最后借款人之间充当媒介，进行间接融资活动所使用的工具，主要包括银行券、银行票据、可转让存款单、人寿保险、金融债券、各种借据。

（3）以信用关系存续的时间长短划分，金融产品可分为短期金融产品和长期金融产品。

- 短期金融产品一般是指偿还期限在一年以内的货币市场的信用工具，主要包括各种票据、可转让存款单、国库券。
- 长期金融产品是指偿还期限在一年以上的资本市场的信用工具，主要包括股票、债券、各种基金。

（4）按营销的目标群体不同，金融产品可分为个人金融产品、企业金融产品、机构金融产品。

- 个人金融产品是指服务个人用户的金融产品。
- 企业金融产品是指服务企业用户的金融产品。
- 机构金融产品是指服务机构用户的金融产品。

（5）从提供者的角度，金融产品可分为银行类金融产品和非银行类金融产品。

- 银行类金融产品因生产者的不同，可分为中央银行类金融产品、政策性银行类金融产品、商业银行类金融产品、投资银行类金融产品。
- 非银行类金融产品可划分为保险类金融产品、证券类金融产品、信托投资类金融产品、租赁类金融产品、财务类金融产品。

任务反馈

1. 常见的金融产品有哪几种类型？

2. 根据产品形态划分，金融产品可以分为哪几种类型？从金融产品提供者的角度，金融产品可以分为哪几种类型？

_____

_____

_____

 任务评价

结合任务评价表，对完成任务情况做出评价。

任务评价表

工作任务			主要金融产品的类型	
评价要点			评价标准	评价得分
出勤情况			☆☆☆	
遵守职业岗位纪律情况			☆☆☆	
任务实施	小组讨论探究，阐述回答，展示团队及团队合作的有效性	自评	☆☆☆	
		他评	☆☆☆	
		师评	☆☆☆	
任务反馈情况			☆☆☆	

 任务拓展

普通大众喜欢去银行购买金融产品，那么，在银行都可以购买哪些金融产品呢？除银行外，还能在什么地方购买金融产品呢？

_____

_____

知识链接

互联网金融产品的主要类型

第一种类型：网络支付。

支付领域有两种类型典型产品。一种类型是支付宝、财付通、易宝代表的第三方支付，第三方支付的特点是业务侧重线上，并且和电商有紧密的联系，也有一小部分拉卡拉这样走线下商户的。另一种类型是银行的网银支付。网银支付和第三方支付在本质上没有太大区别，都可以通过互联网实现非现金支付功能。但是，银行吃亏在线下开户和各自为战，虽然网银支付发展得早,但却为第三方支付做了"嫁衣"。

第二种类型:网络贷款。

有两类典型的贷款产品,阿里金融为代表的网络银行和人人贷为代表的P2P。阿里金融现在已经可以实现贷、存、汇三个功能了。阿里金融的优势是大数据,通过对电商大数据的挖掘可以降低小微金融的信贷风险,这也是网络未来的发展方向:和电商高度整合。P2P大家都耳熟能详了,这里强调一点,线上P2P和网络银行是两个完全不同的思路。P2P的本质是金融脱媒,由借贷双方直接沟通。从某种意义上讲,P2P和网络银行存在竞争关系。

第三种类型:网络理财。

理财类的典型产品是以天天基金为代表的基金电商。基金电商近两年的崛起是来自于第三方基金销售资格的牌照红利,这种模式本身并没有什么过人之处。从理论上讲,基金电商平台可以利用对客户的数据挖掘,为合适的客户推荐合适的产品,但由于目前国内理财的主力人群是中老年人,所以在销售时需要大量的人力,是一种网上展示、网下电话成交的模式,数据挖掘也就无从谈起了。类似产品还有保险电商,这里不再赘述。

(资料来源:http://www.chinairn.com/news/20181012/101435832.shtml)

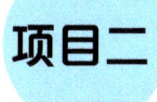

金融产品的产生、发展与现状

 项目内容

任务一　金融产品的产生与发展
任务二　金融产品的现状

 项目目标

1．认知金融产品产生和发展的概况。
2．熟悉金融产品的现状。

任务一　金融产品的产生与发展

 任务情景

某高中学生小李同学对金融方面的内容非常感兴趣，决定高考时报考与金融相关的专业，他想提前了解一下有关金融方面的知识，于是就向在银行工作的舅舅请教。

舅舅问小李同学："如果你有10 000元，你打算买什么呢？考虑过在银行买东西吗？"

小李说："银行还卖东西吗？银行不就是储蓄和贷款吗？"

舅舅说："银行当然销售产品了，你刚才说的储蓄其实也是银行的一种产品。"下面我们就和小李一起来了解一下金融产品的产生和发展的概况吧。

 **任务布置**

了解金融业、金融产品的产生。

> **讨论探究**：你知道哪些是金融产品吗？从商品的角度分析金融产品产生的原因。
> **课堂随笔**：_____
> _____
>
> **讨论探究**：你都知道哪几种银行产品，它们分别针对哪些客户需求？
> **课堂随笔**：_____
> _____
> _____

 任务分析

金融产品的产生就像一粒种子，在土壤、温度、湿度等各项适合的条件下发芽、生根、长大。在学习中，你将逐渐了解在外部环境和内部需求等条件共同作用下，金融产品是如何在人类社会发展的进程中，从无到有逐步成长起来，并不断创新逐步壮大的。

任务实施

一、金融产品的产生

金融产品既不是从天上掉下来的，也不是固有存在的，而是随着人类社会的发展而产生和发展的。任何产品的出现都是以满足人们的需求为目的的，金融产品也不例外。金融产品是商品货币经济的产物，它是由农业产品、工业产品衍生而来的。为满足人们对金融产品的需求，金融业也应运而生。

金融业起源于公元前 2000 年巴比伦寺庙、公元前 6 世纪希腊寺庙的货币保管和收取利息的放款业务。在欧洲，最早出现的银行是意大利威尼斯的银行，银行一词源于意大利语 Banco，意思是"板凳"，英语转化为 Bank，意思为"存放钱的柜子"，因此早期的银行家被称为"坐长板凳的人"。中国金融业的起点可追溯到公元前 256 年周代出现的办理赊贷业务的机构，《周礼》称之为"泉府"，历经发展，到了明朝末期，出现了钱庄（北方称银号），后来又陆续出现了票号、官银钱号等其他金融机构。

人们对商品货币经济的需求促进了金融产品的出现。最早的金融产品是从货币保管、兑换、赊贷活动中产生的，当人们手中的货币收入没有被消费完时，就会考虑使手中剩余的货币能够保值并增值，以满足未来的各种需求，而购买金融产品是很多人的选择。金融业作为货币交换的中介机构，从储蓄形式的金融产品开始不断扩大自己的业务范围。由此可见，金融业与金融产品之间的关系密不可分，二者之间相互依存，人们对资金存放管理的需要促进了金融业的产生，金融业推动了金融产品的种类不断丰富，逐步形成目前以商业银行为主的金融产品销售模式。

讨论探究：你觉得金融业的出现和金融产品的产生之间的关系是什么？

课堂随笔：_____

_____

_____

二、金融产品的发展

（一）金融业的主要类型

随着客户对金融产品多元化的需求和金融业的不断发展，金融业与金融产品就好像一粒粒种子，在一个适合它们生存的环境中，逐渐成长起来。金融业逐渐形成了以经营金融产品为主的各类行业，包括银行业、保险业、信托业、证券业和租赁业等。在我国，银行业是指中国人民银行、监管机构、自律组织，以及在中华人民共和国境内设立的商业银行、城市信用合作社、农村信用合作社等吸收公众存款的金融机构、非银行金融机构及政策性银行。银行是现代金融业的主体，是国民经济运转的枢纽。保险业是指将通过契约形式集中起来的资金，用以补偿被保险人的经济利益的行业。信托业的含义是"受人之托、代人理财"，是指委托人基于对受托人的信任，将其财产权委托给受托人，由受托人按照委托人的意愿以自己的名义，为受益人的利益或特定目的，进行管理或处分的行业。证券业是为证券投资活动服务的专门行业，按照美国的"产业分类标准"区分，证券业由证券经纪公司、证券交易所和相关的产品经纪组成。证券业的基本功能可归纳为四个方面：一是媒介储蓄和投资，帮助新资本筹集；二是制造并维持一个有秩序的证券市场；三是分析经济和金融信息；四是帮助投资者进行投资管理。租赁业以金融信贷和物资信贷相结合的方式提供信贷服务。一般的租赁活动是出租人将自己拥有的物质资料按一定条件出租给承租人使用，承租人在使用过程中按照规定交纳租金。租赁主要包括融资租赁和服务租赁。

（二）主要金融产品

金融业的不断发展使金融产品的种类越来越丰富。其中，以商业银行为主的金融产品包括存款、放款、汇兑、信用卡等多种产品业务，其核心是在提高产品类型的基础上，不断满足客户对金融服务产品的需求。因为商业保险兼具风险保障与储蓄投资等属性，是实现中长期财富管理的重要工具，所以在金融产品中保险产品占有重要位置。保险业中的保险产品按照保险标的不同，可分为财产保险和人身保险两大类。其中，财产保险是指以财产及其相关利益为保险标的保险,包括财产损失保险、责任保险、信用保险、保证保险、农业保险等。证券业中的证券也是投资工具之一,如人们交易的股票等。证券是各类财产所有权或债权凭证的通称,可以分为证据证券、凭证证券和有价证券三大类。证据证券只是单纯证明某种事实的书面证明文件,如信用证、提单等;凭证证券是指认定持证人是某种私权的合法权利者和持证人所履行的义务有效的书面证明文件,如存款单等;有价证券区别于以上两种证券的主要特征是可以让渡。租赁业中的融资租赁主要形式包括吸收股东存款、从事证券投资、同业拆借、发行金融债和资产证券化产品等。

(三)金融产品的设计与开发

大量的金融产品为满足客户的不同需求提供了帮助,而这些品种繁多的金融产品的出现,也同时促进了金融业向规范化、多元化、创新性的方向不断发展。开发和设计出更多能够满足客户需要的金融产品,是金融业发展的动力。金融企业为了适应市场需求而研究设计出与原有产品具有显著差异的金融新产品,从而满足客户新的利益和新的服务需求。金融产品开发可以根据不同条件,采用创新开发、改进开发、组合开发、模仿开发等方式,其中难度比较大的是创新开发。商业银行在整存整取储蓄存款的基础上,开发出"存本付息"的储蓄方式,这是一种改进开发的方式。

无论是哪种金融企业,在开发金融产品、促进金融产品发展时都要充分考虑所开发的金融产品要适销对路,满足客户对金融产品的需求。因此,在开发金融产品之前做好市场调研就非常重要,只有清楚了解客户需求,才能开发出好的金融产品,才能在激烈的金融产品市场竞争中抢占先机。

例如,某银行根据客户的不同情况及不同需求,在金融产品的开发设计上推出了针对不同客户群体的信用卡产品。这些信用卡的主要类型及特点见表1-1。

表1-1 信用卡的主要类型及特点

序号	产品名称	产品性质	产品特点
1	白金卡	专为业界精英人士定制的顶级国际标准双币信用卡	专享10项手续费减免优惠;24小时全国道路汽车救援,全国会员价格再享7折优惠服务;最高透支额度达10万元人民币;享受全球400多家指定国际机场贵宾室服务;获赠航空意外险,最高金额可达400万元人民币;享受全天候白金卡SOS专线和白金卡秘书服务
2	商务卡	面向公司法人客户发行的单位信用卡	单卡最高可透支额度30万元人民币;层级账户额度控制;管理信息报表;SOS、商务保险等多种员工权益保障;信用消费、转账结算;可境外提现

续表

序号	产品名称	产品性质	产品特点
3	国际信用卡	面向个人客户发行的双币种信用卡，给予持卡人一定信用额度，持卡人可在信用额度内先消费后还款，境内外通用	一卡双币、全球通用；最高透支额度可达 5 万元人民币或 5 000 美元；透支消费免息还款期最短 25 天，最长 56 天
4	贷记卡	人民币信用卡，采用国际通行的循环信用消费方式，发卡机构根据持卡人的资信状况给予持卡人授信额度，是持卡人在信用额度内先消费后还款的信用卡	最高透支额度可达 5 万元人民币；透支消费免息还款期最短 25 天，最长 56 天；存取现金、转账结算、信用消费；结算还款便利
5	信用卡	面向个人客户发行的人民币信用卡，持卡人按照要求交存一定金额的备用金，是当备用金账户余额未达到支付金额时，可在规定的信用额度内透支的准贷记卡	最高透支额度可达 1 万元人民币；卡内存款计息；与贷记卡相比，无透支消费免息期；转账结算、存取现金、存款消费

任务反馈

简述金融产品产生的原因。

_____

_____

_____

任务评价

结合任务评价表，对完成任务情况做出评价。

任务评价表

工作任务			金融产品的产生与发展	
评价要点			评价标准	评价得分
出勤情况			☆☆☆	
遵守职业岗位纪律情况			☆☆☆	
任务实施	小组讨论探究，阐述回答，展示团队及团队合作的有效性	自评	☆☆☆	
		他评	☆☆☆	
		师评	☆☆☆	
任务反馈情况			☆☆☆	

任务拓展

请查阅资料,说明银行类金融产品近三年有哪些变化,最少举例三个变化。

_____

_____

_____

 知识链接

互联网金融未来发展趋势

平台合法化

合法是互联网金融发展的基础,正规的平台不仅有助于行业整体的发展、减少系统性风险,更有助于企业塑造自有品牌、获得大批忠实用户。

随着严格监管时代的到来,各类监管政策密集出台,尤其是中国银监会在2017年下发的《网络借贷资金存管业务指引》和《网络借贷信息中介机构业务活动信息披露指引》,标志着网贷行业银行存管、信息披露等主要政策悉数落地。

从互联网金融未来发展趋势可以看出,恪守行规至关重要。无论何时,企业发展都要坚持以行业规定为首要发展原则,企业只有不断加强风险管控,提高风险识别与化解能力,才能有助于践行企业社会责任,在实现普惠金融的道路上走得更稳、更远。

服务实体经济,脱虚向实

互联网金融通过充分利用其开放、便捷的属性,通过网络平台可以更加快捷地完成资金需求方和资金供给方的信息甄别、匹配、交易,实现了透明化、准确对接,从而使资金流向需要的人群,同时助力实体经济,引导资金脱虚向实。

金融服务于实体经济,其核心是降低金融虚拟化程度、回归本源,向直接服务实体经济转变。这就需要金融机构灵活运用不同金融产品组合,提供差异化、多样化的综合服务,化解金融风险,助力企业发展。

借助互联网信息技术,使服务提供商和客户双方不受时空限制,并可以通过网络平台更加快捷地完成信息甄别、匹配、定价和交易,从而降低了传统服务模式下的中介、交易、运营成本;双方或多方信息充分透明,交易适时进行,便捷且有效率;金融交易突破了传统的安全边界和商业可行性边界,焕发出新的活力,客户感受到全新的金融服务体验。

金融服务更注重用户体验

随着移动互联网的普及,手机已成为人们日常生活中不可或缺的物品。伴随着移动互联网与金融的深入结合，移动金融产品越发丰富和多样化。通过手机移动端，用户足不出户便可享受互联网金融服务。

互联网金融交易突破了传统行业的边界和商业可行性边界，焕发出新的活力，使用户感受到全新的金融服务体验。

（资料来源：https://www.p2peye.com/thread-2236380-1-1.html）

任务二　金融产品的现状

任务情景

客户张先生目前手中有一笔闲置资金，打算在半年后投资买房。张先生想在 A 银行买一些短期的金融产品，但他不太了解目前市场上的金融产品的概况：哪些金融产品能够满足短期投资的需求，且操作便利，收益稳定。A 银行客户经理王经理将给他介绍目前金融产品的主要情况。

任务布置

掌握金融产品的现状。

讨论探究：请根据你查阅的资料，向同伴介绍金融产品的现状，并根据同伴的情况向他推荐一款适合他的金融产品，并说明理由。

课堂随笔：_____

_____

_____

任务分析

金融产品的创新发展已成为金融业发展的主要潮流。金融产品创新发展是指在原有金融产品的基础上，借助互联网和信息技术，为满足客户多样化、个性化、自助化、便捷化、高附加值化的需求不断开发新的金融产品，并在吸引更多的客户加大对金融产品的消费投入的同时进一步提升金融机构的服务水平。

任务实施

金融产品的发展从需求驱动向"科技+需求"双向驱动转变,各金融机构通过技术先导、深耕用户、场景化、体验式的方式开发金融产品,金融产品进入互联网时代。

一、科技进步推动互联网金融产品发展

随着手机、平板电脑、计算机的普及,以及云计算、移动互联网等新技术的不断发展,线上和移动终端的支付方式技术越来越成熟,互联网金融产品逐步成为金融产品的后起之秀。互联网金融企业在流量、网络及数据技术优势的基础上开展互联网金融业务,通过与各类商家合作,利用收益理财等手段引导客户,有效地将线下业务市场中的客户引入线上金融产品业务中。

二、消费模式推进金融产品发展

客户在网络上购买金融产品、网络理财的需求日益增长,从而进一步促使互联网支付、P2P、网络借贷、业务服务平台等金融产品快速发展。互联网金融产品以其独特的便利、快捷的特点,激发了更多客户的需求,迎合了在互联网下的消费模式的转变。

越来越多的客户在网上进行证券交易、购买保险等,他们可以在开放透明的平台上找到与自己需求匹配的产品,既减少了信息不对等的情况,也节约了时间。目前,年轻客户大多数处于经济能力上升或稳定阶段,他们的消费观念很大程度地影响了金融产品的改造升级。例如,某银行推出的"e分期",可将信用卡额度转入专用借记卡用于消费支付,满足了客户日常大额消费需求。

 任务反馈

简述金融产品的现状。
_____
_____
_____

 任务评价

结合任务评价表,对完成任务情况做出评价。

任务评价表

工作任务			金融产品的现状	
评 价 要 点			评 价 标 准	评 价 得 分
出勤情况			☆☆☆	
遵守职业岗位纪律情况			☆☆☆	
任务实施	小组讨论探究，阐述回答，展示团队及团队合作的有效性	自评	☆☆☆	
		他评	☆☆☆	
		师评	☆☆☆	
任务反馈情况			☆☆☆	

任务拓展

银行类金融产品近三年有哪些变化？请查阅资料举例说明三项变化。

_____
_____
_____

知识链接

供应链金融创新

虽然供应链金融在我国是一个比较新的金融业态，但是它的发展速度却是有目共睹的。

2016年底，蚂蚁金服发布了谷雨计划，开启了农村供应链金融的战略。谷雨计划利用三大业务模式满足了三农人群不同层面的金融服务需求。蚂蚁金服董事长王曾在中央电视台第一财经"解码财商"中讲解了三农供应链金融。

首先，蚂蚁金服与中华财险、内蒙古蒙羊集团达成合作，为规模化的养殖户提供农户贷款；其次，贷款定向通过农村淘宝平台来购买内蒙古蒙羊集团指定的饲料，而农村淘宝平台相应地将养殖户的饲料信息同步提供给内蒙古蒙羊集团；最后，内蒙古蒙羊集团收购农户的羊后，收购款将优先偿还蚂蚁金服的对应贷款，同时，羊肉加工食品可以通过蒙羊集团的天猫旗舰店进行销售。

这个流程既解决了养殖户贷款难的问题，也帮助内蒙古蒙羊集团巩固了与养殖户的合作关系，同时还避免了赊销，从而增加了内蒙古蒙羊集团的现金流动性。而保险公司的介入，则为资金风险提供了风险监控。

单元二
金融产品推介

> **单元学习目标**
>
> 1．熟悉银行理财产品的分类、特点、构成基本要素，掌握计算预期收益率的方法。
> 2．熟悉不同证券类产品的适用人群，能够区别基金、债券、股票等证券类金融产品的含义、分类、特点和选择方法。
> 3．熟悉保险产品的含义、特征和分类，掌握保费的缴纳方式与计算方法。
> 4．熟悉贵金属产品的含义、分类和投资规则。
> 5．认知信用卡业务的分类和功能，熟悉信用卡的使用规则和还款要求。

银行理财产品业务

  项目内容

任务一　银行理财产品
任务二　银行理财产品投资

  项目目标

1．熟悉银行理财产品的含义、特点及分类，掌握计算预期收益率的方法。
2．熟悉银行理财产品的投资人群与策略。
3．树立正确的客户服务意识和岗位意识。

任务一　银行理财产品

  任务情景

客户张女士在一家金融公司工作，年薪 20 万，日常花销较高，工作 5 年，有小额存款。在父母的劝说下，张女士计划开始理财，并到银行咨询理财产品。我们一起学习银行理财产品的知识，帮助张女士了解银行理财产品吧。

  任务布置

熟悉银行理财产品的含义、特点及分类。

> 讨论探究：我们通常所说的银行理财产品有狭义和广义之分，通过学习，你能够分辨哪些理财产品属于狭义的银行理财产品吗？
> 课堂随笔：_____
> _____
> _____

任务分析

从 2005 年起，在多种因素推动下，理财产品市场呈爆发式增长态势。截至 2013 年 6 月末，我国大陆银行理财资金余额为 9.08 万亿元人民币；信托资产余额为 9.45 万亿元人民币；证券公司受托管理资金本金总额为 3.42 万亿元人民币。银行理财资金余额与居民存款之比接近 20%。

2010 年新发行理财产品超过 1 万个；2010 年至 2012 年，新发行理财产品数量年增长率超过 100%；2012 年新发行理财产品超过 3 万个；2013 年 6 月的理财产品单周发行超过 1000 个。

理财产品因其巨大的市场容量受到各类金融机构的高度重视，预计未来仍将高速增长。2004—2013 年银行理财产品发行规模的成长趋势如图 2-1 所示。

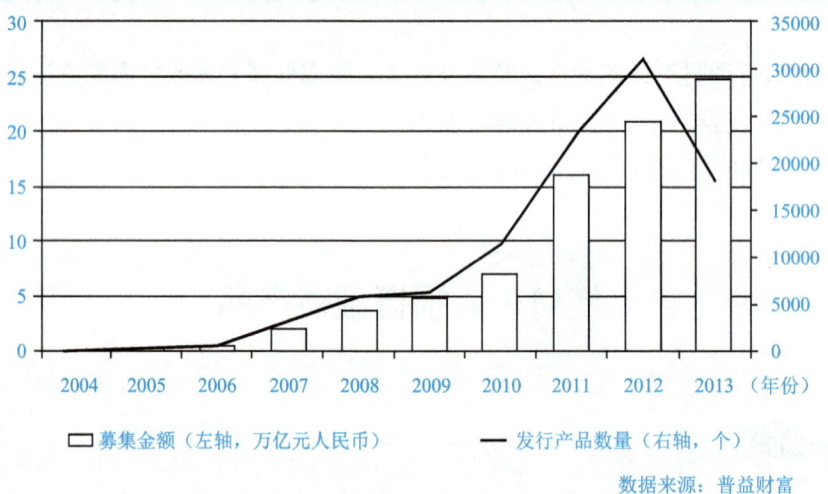

数据来源：普益财富

图 2-1　2004—2013 年银行理财产品发行规模的成长趋势

任务实施

一、银行理财产品的基本概念

（一）银行理财产品的含义

银行理财产品是商业银行在对潜在目标客户群分析研究的基础上，针对特定目标客户群开发设计并销售的资金投资和管理计划。在这种投资方式中，银行只是接受客户的授权管理资金，投资收益与风险由客户承担或按照客户与银行的约定方式由双方承担。

银监会出台的《商业银行个人理财业务管理暂行办法》对于"个人理财业务"的界定是："商业银行为个人客户提供的财务分析、财务规划、投资顾问、资产管理等专业化服务活动"。商业银行个人理财业务按照管理运作方式的不同，分为理财顾问服务和综合理财服务。我们一般所说的"银行理财产品"，是狭义的银行理财产品，其实特指其中的综合理财服务。

（二）银行理财产品的关系人

银行理财产品的关系人主要包括产品发行人、产品投资人、产品受益人和产品托管人。银行理财产品关系人结构如图 2-2 所示。

产品发行人。产品发行人是指发行理财产品并募集资金，主导理财产品的开发、销售、资金管理、信息披露与收益分配的金融机构。产品发行人可委托其他机构代理承担部分职责，如委托其他机构进行产品设计、投资管理、市场推广等。

产品投资人。产品投资人是指通常是指购买理财产品，依照合同约定享有投资收益，并承担相应风险的主体。但在信托关系中，产品投资人可能不享有投资收益，而是指定由其他个人或机构享有。

产品受益人。产品受益人是指在信托关系中，根据信托合同享有投资收益，并承担相应风险的主体。产品受益人可以是产品投资人本人，也可以是产品投资人指定的其他个人或机构。

产品托管人。产品托管人是指受产品发行人委托，保管委托资产，执行资金清算、会计核算、提交托管和财务报告，并履行其他相关职责的金融机构。

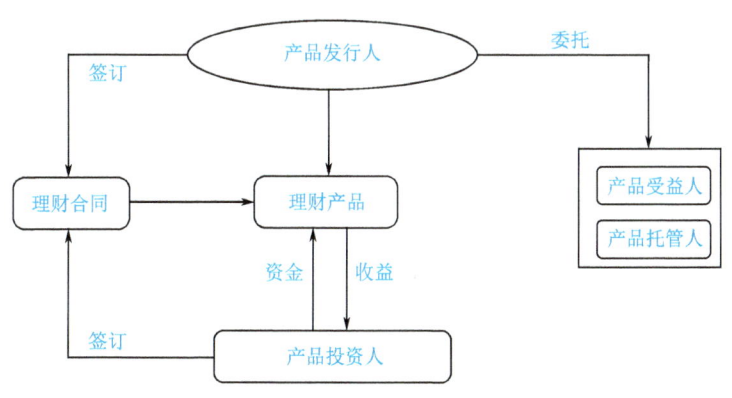

图 2-2 银行理财产品关系人结构

二、银行理财产品的特点

(一) 银行理财产品的特点

银行理财产品的特点如下：

(1) 期限固定，多为短期投资产品（交易期限一般为1年以下）；

(2) 本金和承诺收益稳定，大部分本金在存期内流动性很差，在投资期限内不能提前支取；

(3) 收益略高于银行存款；

(4) 更适合闲散资金较多、无时间理财或缺乏相关知识的投资人。

(二) 银行理财产品的优点

1. 资金链优势

与保险公司或证券公司比较，银行的资金链优势非常明显，因为大多数客户总感觉把钱放在银行才安心。通常，客户都有这样的想法："我不想告诉别人我有多少钱。"只有银行才更容易了解客户的资金状况，从而扮演了"资金管家"的角色来为客户打理资产。截至2018年，我国居民储蓄存款金额节节增高，已经突破10万亿元人民币。

2. 信誉好，安全性高

客户在求助理财顾问的时候，最关心的第一个问题就是资金的安全性。据调查显示，一般客户认为："由于国家对银行的审批非常严格，成立一家银行是很不容易的事，所以银行的信誉较其他金融机构更高，更有安全感。"例如，"银证通"就比"银证转账"更受欢迎，因为客户一般认为银行不可能破产倒闭，但证券公司却有可能破产倒闭，如大连证券公司。

3. 网点众多，快捷便利

银行的网点数量众多，分理处、储蓄所、各级支行"遍地开花"，以及通存通兑的便利性等给客户的印象是银行极其便利。从银行角度来看，网点众多确实也是开展理财业务的优势之一。

4. 银行理财更专业

从专业性方面分析，据市场调查显示，客户普遍认为银行理财比自己理财更为专业，回报也可能更高。

(三) 银行理财产品的缺点

1. 市场风险

银行理财产品募集到的资金由商业银行投入到相关金融市场中，金融市场波动将会影响理财产品本金及收益。造成金融市场价格波动的因素很复杂，价格波动越大，客户购买理财产品时面临的市场风险也就越大。

2. 信用风险

如果银行理财产品与某个企业或机构的信用相关，如购买企业发行的债券、投资企业信托贷款等，则客户就需要承担相应的企业信用风险。如果这个企业或机构发生违约、破产等情况，则客户的投资就会蒙受损失。

3. 流动性风险

某些银行理财产品期限较长，或者投资难以及时变现的金融产品，那么在该银行理财产品存续期间，如果客户急用资金，则可能面临无法提前赎回本金的风险，或者面临按照不利的市场价格变现所致的亏损风险。

4. 通货膨胀风险

由于银行理财产品收益是以货币的形式来支付的，所以在通货膨胀时期，货币的购买力下降，银行理财产品到期后的实际收益也会下降，这将给购买银行理财产品的客户带来损失，损失的大小与投资期限内通货膨胀的程度有关。

5. 政策风险

受金融监管政策及理财市场相关法规政策影响，银行理财产品的投资、偿还等可能不能正常进行，这将导致银行理财产品收益降低甚至本金损失。

6. 操作管理风险

银行是银行理财产品的受托人，其管理、处分银行理财产品资金的水平，以及其是否勤勉尽职，将直接影响银行理财产品投资收益的实现。

7. 信息传递风险

商业银行将根据银行"理财产品说明书"的约定，向客户发布银行理财产品的信息公告，如估值、产品到期收益率等。若因通信故障、系统故障及其他不可抗力等因素的影响，使得客户无法及时了解银行理财产品信息，则可能影响购买银行理财产品的客户的投资决策，从而影响其收益的实现。

8. 不可抗力风险

自然灾害、战争等不可抗力因素的出现，将严重影响金融市场的正常运行，还可能影响银行理财产品的受理、投资、偿还等行为的正常进行，从而导致银行理财产品收益降低甚至本金损失。

三、银行理财产品的分类

（一）保证收益理财产品

保证收益理财产品是指银行按照约定条件，向客户承诺支付固定收益，由银行承担由此产生的投资风险，或者银行按照约定条件，向客户承诺支付最低收益并承担相关风险，其他投资收益由银行和客户按照合同约定分配，并共同承担相关投资风险的理财产品。

保证收益的理财产品包括固定收益理财产品和有最低收益的浮动收益理财产品。前者的理财到期后收益为固定的，如 6%；而后者理财到期后有最低收益，如 2%，其余部分视管理的最终收益和具体的约定条款而定。

（二）非保证收益理财产品

非保证收益理财产品又可以分为保本浮动收益理财产品和非保本浮动收益理财产品。

（1）保本浮动收益理财产品是指银行按照约定条件向客户保证本金支付，本金以外的投资风险由客户承担，并依据实际投资收益情况确定客户实际收益的理财产品。

（2）非保本浮动收益理财产品是指银行根据约定条件和实际投资收益情况向客户支付收益，但并不保证客户本金安全的理财产品。

非保证收益理财产品的发行机构不承诺理财产品一定会取得正收益，有可能收益为零，不保本的产品甚至有可能收益为负。

各家银行都会为其推出的理财产品的特性给予介绍。各家银行的理财产品大多对本金给予保证，尽管其本金具有一定风险，但根据以往市场的表现，出现这种情况的概率还是较低的。

任务反馈

1. 请说一说什么是狭义的银行理财产品。

2. 银行理财产品的种类包括哪些？

任务评价

结合任务评价表，对完成任务情况做出评价。

任务评价表

工作任务			熟悉银行理财产品的含义、特点及分类	
评价要点			评价标准	评价得分
出勤情况			☆☆☆	
遵守职业岗位纪律情况			☆☆☆	
任务实施	小组讨论探究，阐述回答，展示团队及团队合作的有效性	自评	☆☆☆	
		他评	☆☆☆	
		师评	☆☆☆	
任务反馈情况			☆☆☆	

任务拓展

选择一个知识点，模拟银行客户经理为客户讲解银行理财产品知识的情景，并记录情景中所涉及的要点。

_____
_____
_____

知识链接

信托理财产品

信托理财产品是指由信托公司发行，根据信托合同约定，将所募集资金投资于金融或非金融产品，并将取得的投资收益分配给受益人的一种金融投资工具。

信托理财产品设计灵活，可广泛投资于各类金融投资工具和实物资产。信托理财产品不承诺保本和最低收益，具有一定的投资风险，所以通常对投资者有一定限制，如人数、最低金额等。信托财产具有独立性，不受当事人（委托人、受托人和受益人）财务状况的影响，且信托财产也不能被强制执行。

信托理财产品关系人结构如图 2-3 所示。

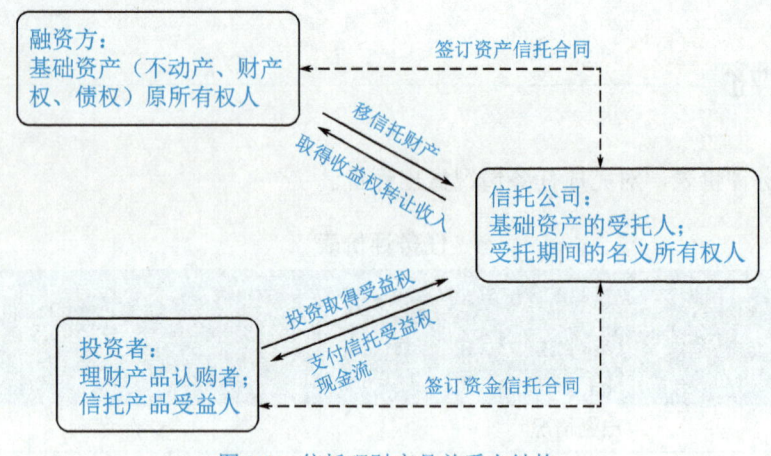

图 2-3 信托理财产品关系人结构

任务二　银行理财产品投资

任务情景

客户张女士欲换购住房，因为原有住房已出售，所以目前大量资金闲置，准备随时购买新住房。张女士听说银行有可以随存随取的理财产品，适合她当下的情况。我们快去学习本任务的相关知识，帮助张女士选择适合的银行理财产品吧。

任务布置

熟悉开放式银行理财产品及封闭式银行理财产品的策略及适合的投资人群，掌握计算预期收益率的方法。

讨论探究：开放式银行理财产品和封闭式银行理财产品分别适合哪类投资人群？
课堂随笔：_____
_____
_____

任务分析

在上述案例中，张女士所持资金数额较大，基本不受理财产品认购起点门槛限制；资金随时备用，因此需要选择可随时赎回的理财产品。本案例应考虑上述分析，结合张女士的抗风险能力，为其选择适合的银行理财产品。

任务实施

一、封闭式银行理财产品和开放式银行理财产品

银行根据运作方式不同，将银行理财产品分为封闭式和开放式。

1. 封闭式银行理财产品

在银行"理财产品说明书"中公布的固定赎回日期或理财产品到期日前，封闭式银行理财产品不能提前赎回。常见的封闭式银行理财产品在固定周期内开放申购或赎回。此外，比较常见的封闭式银行理财产品类型是封闭式基金产品，主要是相对于开放式基金产品而言的。开放式基金产品可以实时申购或赎回，常见的货币基金产品、余额宝等都是开放式基金产品。

2. 开放式银行理财产品

开放式银行理财产品在每个法定工作日的规定交易时间内，可以进行申购或赎回。

二、封闭式银行理财产品和开放式银行理财产品的区别及各自的特点

封闭式银行理财产品根据理财产品所坚守的高收益原则，收益都比较高，但流动性比较差，不能提前赎回。

与封闭式银行理财产品相比，开放式银行理财产品收益较低，但其最大的优势就是资金流动性比较好，还可以提前赎回，能满足客户临时的资金需求。如果客户的资金要经常使用，那么选择开放式银行理财产品就会有一定优势，因为其周期较短，需要用钱时可及时赎回。开放式银行理财产品如果没有赎回，则通常都是自动循环购买的。而封闭式银行理财产品不能提前赎回，周期较长，需要用钱时不能及时赎回。

综上所述，封闭式银行理财产品收益较高，但流动性较差，不可提前赎回或有提前赎回的限制；开放式银行理财产品收益较低，但最大优势是资金流动性好，可以提前赎回，方便有临时资金需求的客户。

三、年化收益率

1. 理财产品说明书

某银行"理财产品说明书"见表 2-1。

表 2-1 某银行"理财产品说明书"

产 品 名 称	2018 年第 185 期理财产品
产品类型	非保本浮动收益型
目标客户	收益型、稳健型、进取型、积极进取型个人客户
内部风险评级	
本币及收益货币	人民币
产品规模	产品募集上限为 150 亿元人民币,不设下限
产品年化预期收益率	4.30%
产品认购期	2018 年 11 月 6 日 7:00(北京时间)至 2018 年 11 月 11 日 17:00(北京时间)
产品成立日	2018 年 11 月 12 日
产品期限	33 天(不含产品到期日)
产品到期日	2018 年 12 月 15 日
认购起点金额	个人客户:5 万元人民币
追加投资金额单位	个人客户:1000 元人民币的整数倍
销售区域	本期产品在全国范围内销售

2. 计算年化收益率

在"理财产品说明书中"注明的预期收益率一般都是年化收益率。

实际收益率＝年化预期收益率×产品期限天数÷365(或 360)

例如,起点认购金 50 000 元人民币 33 天期理财产品预期年化收益率为 4.3%,则实际收益率＝4.3%×33÷365＝0.389%;再用本金×实际收益率可得出本期银行理财产品的收益为 50 000(元)×0.389%＝194.50(元)。

任务反馈

1. 简述封闭式银行理财产品与开放式银行理财产品的区别。
_____
_____

2. 若认购一期 2018 年第 185 期理财产品,认购金额为 15 万元人民币,你能运用所学知识计算该期的预期收益吗?
_____
_____
_____

任务评价

结合任务评价表，对完成任务情况做出评价。

任务评价表

工作任务			银行理财产品的分类及投资注意事项	
评价要点			评价标准	评价得分
出勤情况			☆☆☆	
遵守职业岗位纪律情况			☆☆☆	
任务实施	小组讨论探究，阐述回答，展示团队及团队合作的有效性	自评	☆☆☆	
		他评	☆☆☆	
		师评	☆☆☆	
任务反馈情况			☆☆☆	

任务拓展

请根据自身或家庭情况，尝试为自己或家人选择一款银行理财产品，说明理由并计算预期收益。

_____

_____

_____

知识链接

银行理财产品相关名词解释

产品期限。产品期限是指银行理财产品从成立日到终止清算日之间存续的时间。目前的银行理财产品期限以1年以下的居多，信托类理财产品的期限不少于1年，券商资产管理计划可以是无固定期限的。

产品推介期。产品推介期是指银行理财产品从开始销售到销售终止的时间。封闭式银行理财产品的推介期一般都不超过1个月。开放式银行理财产品在其存续期均可进行产品推介。

收益分配期间。收益分配期间是指分配收益的时间间隔。根据银行理财产品设计，有到期一次性分配收益或每隔一段时间分配一次收益等多种形式。

提前终止或展期。提前终止或展期是指银行理财产品发行方的提前终止权。银行"理财产品说明书"对提前终止或展期事项的条件有明确的规定。

理财收益计算期间。理财收益计算期间是指从银行理财产品成立日起到到期日止的时间。在销售期内，客户的资金存放在银行活期账户里，仅计算活期利息，不计算理财收益，从到期日到资金实际到客户账户间的时间也仅计算活期利息或不计息。

封闭期。封闭期是指银行理财产品无法申购或赎回的期限。对期限较长的理财产品，银行普遍在开始运作银行理财产品时设定封闭期，通常为3~6个月。

开放期。开放期是指在银行理财产品运作过程中，允许客户申购或赎回的时间。

项目二

证券类产品业务

项目内容

任务一　债券
任务二　证券投资基金

项目目标

1．熟悉债券的含义、构成要素特征、分类，以及影响债券价格的因素。
2．熟悉证券投资基金的含义、分类和选择方法。
3．熟悉股票的含义、分类和投资规则。
4．树立正确的客户服务意识和岗位意识。

任务一　债　券

任务情景

客户张大爷听邻居说目前债券的收益比较稳定，并且比较安全，就来到银行想了解一下什么是债券，都有哪些债券，看看自己能不能买点债券。让我们一起学习债券的相关知识，帮助张大爷吧。

任务布置

熟悉债券的含义、构成要素特征、分类，以及影响债券价格的因素，学会计算债券的收益。

> **讨论探究**：我们借钱的时候需要打借条，那么债券和这种借条有什么相同点和不同点呢？
>
> 课堂随笔：_____
> _____
> _____
>
> **讨论探究**：你觉得债券的价格会受什么因素影响？
>
> 课堂随笔：_____
> _____
> _____

任务分析

债券是一种将民间借贷关系金融化的金融工具。通过购买债券，普通老百姓也可以参与到大规模的经济建设中，并从中获取债券利息收益，从而大大提高整个社会的资金使用效率。让我们一起去看看债券是如何发展的，以及它和其他金融产品的区别是什么。

任务实施

一、债券的含义

债券是一种标准化的债务合同，是政府、金融机构、工商企业等债券发行人直接向社会借债筹措资金时，向投资者发行，同时承诺按一定利率支付利息并按约定条件偿还本金的债权债务凭证。债券的本质是债的证明书，具有法律效力。债券购买者或投资者与发行者之间是一种债权债务关系，债券发行人即债务人，投资者（债券购买者）即债权人，也称债券持有人。债券有以下两大优势。

（1）债券实现了债务的小额化，降低了投资的门槛。例如，借 100 亿元人民币的资金风险很大，交易成本也很高，通过发行面值 100 元人民币的债券，100 亿元人民币的资金借款需求就被切割成 1 亿份。这样就可以更加容易地募集资金，同时降低了投资者的投资门槛。

（2）债券降低了交易成本，并具有流动性。因为债券是一种标准化的合同，所以在投资者急需用钱时，只需将债券在二级市场上卖出即可。

二、债券的构成要素

（一）债券面值

债券面值是指债券的票面价值，是发行人对债券持有人在债券到期后应偿还的本金数额，也是债券发行人向债券持有人按期支付利息的计算依据。债券的面值与债券实际的发行价格并不一定是一致的，发行价格大于面值称为溢价发行，发行价格小于面值称为折价发行，发行价格与面值相等称为平价发行。

（二）债券价格

债券价格是指债券发行时的价格。理论上，债券的面值就是它的价格。但实际上，由于债券发行人出于种种考虑或资金市场上供求关系、利率的变化，债券的市场价格常常脱离它的面值，有时高于面值，有时低于面值。也就是说，债券的面值是固定的，但它的价格却是经常变化的。债券发行人计息还本时是以债券的面值为依据，而不是以其价格为依据的。债券价格主要分为发行价格和交易价格。

（三）票面利率

债券的票面利率是指债券利息与债券面值的比率，是债券发行人承诺以后一定时期内支付给债券持有人报酬的计算标准。债券票面利率的确定主要受到银行利率、债券发行人的资信状况、偿还期限和利息计算方法，以及当时资金市场上资金供求情况等因素的影响。

（四）偿还期

债券偿还期是指债券发行人发行的债券上载明的偿还债券本金的期限，即债券发行日至到期日之间的时间间隔。债券发行人要结合自身资金周转状况及外部资本市场的各种影响因素来确定其发行的债券的偿还期。

三、债券的特征

债券作为一种债权债务凭证，与其他有价证券一样，也是一种虚拟资本，而非真实资本，它是经济运行中实际运用的真实资本的证书。

债券作为一种重要的融资手段和金融工具具有如下特征。

（一）偿还性

债券的偿还性是指债券有规定的偿还期限，债券发行人必须按约定条件偿还本金并支付利息。

（二）流动性

债券一般都可以在债券交易市场上自由转让，通过低买高卖，给债权人带来差价收益。在交易过程中，债券价格会根据债权人对现金的急需程度、资金的宽紧程度、履约还款的概率等因素有所波动。

（三）安全性

与股票相比，债券通常规定了固定利率，因此投资债券的收益比较稳定，风险较小。

在债券发行人破产时,债券持有人享有优先于股票持有人对债券发行人剩余资产的索取权。

(四)收益性

债权人在买入债券后,可以获得债券的利息回报。债券的收益性主要表现在两个方面:一个方面是投资债券可以给债权人定期或不定期地带来利息收入;另一个方面是债权人可以利用债券价格的变动,通过买卖债券赚取差额。

四、债券的分类

通常,人们按照发行的主体将债券划分为政府债券、金融债券、公司(企业)债券。

(一)政府债券

政府债券是政府为筹集资金而发行的债券,主要包括国债(也称中央政府债券)、地方政府债券等,其中最主要的是国债。国债因其信誉好、利率优、风险小而被称为"金边债券"。除政府部门直接发行的债券外,有些国家把政府担保的债券也划分为政府债券,称为政府保证债券,这种债券由一些与政府有直接关系的公司或金融机构发行,并由政府提供担保。

中国历史上发行的国债主要品种有国库券和国家债券。其中,国库券在1981年后基本上每年都发行,主要发行对象为企业和个人投资者等。向个人投资者发行的国库券利率基本上根据银行利率制定,一般比银行同期存款利率高1~2个百分点。在通货膨胀率较高时,国库券也采用保值办法。国家债券又称国债,我国曾经发行过的国家债券包括国家重点建设债券、国家建设债券、财政债券、特种债券、保值债券、基本建设债券,这些债券大多对银行、非银行金融机构、企业、基金公司等定向发行,部分也对个人投资者发行。国债收款凭证样例如图 2-4 所示。

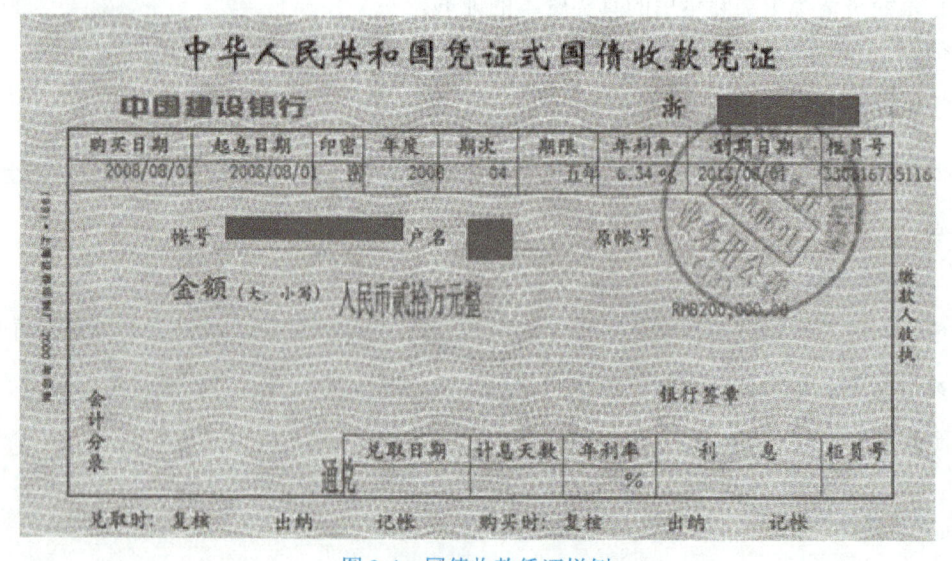

图 2-4 国债收款凭证样例

（二）金融债券

金融债券是由银行或非银行金融机构发行的债券。我国的金融债券主要由国家开发银行、中国进出口银行等政策性银行发行。金融机构一般具有雄厚的资金实力，信用度较高，因此由金融机构发行的金融债券往往有良好的信誉。金融债券样例如图 2-5 所示。

图 2-5　金融债券样例

（三）公司（企业）债券

国外没有企业债券和公司债券的区分，统称公司债券。在我国，企业债券是按照《企业债券管理条例》规定发行与交易，由国家发展和改革委员会监督管理的债券，其发债主体为中央政府部门所属机构、国有独资企业或国有控股企业，因此，企业债券在很大程度上体现了政府信用。公司债券的管理机构为中国证券监督管理委员会，发债主体为按照《中华人民共和国公司法》设立的公司法人，发行主体为上市公司，其信用保障是发债公司的资产质量、经营状况、盈利水平和持续盈利能力等。公司债券在证券登记结算公司统一登记托管，可申请在证券交易所上市交易，其信用风险一般高于企业债券。2008 年 4 月 15 日起施行的《银行间债券市场非金融企业债务融资工具管理办法》进一步促进了企业债券在银行间债券市场的发行，企业债券和公司债券成为我国商业银行越来越重要的投资对象。企业债券样例如图 2-6 所示。

图 2-6　企业债券样例

五、债券收益率

债券投资人在投资债券时，比较关心的是债券收益。债券收益是通过债券收益率来计算的。债券收益率是债券收益与其投入本金的比率，通常用年利率表示。需要注意的是，债券收益不同于债券利息。债券利息仅指债券票面利率与债券面值的乘积。但由于债券投资人在债券持有期内还可以在债券市场上买卖债券，以赚取价差，因此，债券收益除利息收入外，还应包括买卖盈亏差价。

决定债券收益率的主要因素有债券的票面利率、期限、面值和购买价格。债券收益率主要包括名义收益率、即期收益率、持有期收益率、认购者收益率及到期收益率。

（一）名义收益率

计算名义收益率的公式为：

$$名义收益率 = 年利息收入 \div 债券面值 \times 100\%$$

由该公式可知，只有在债券发行价格和债券面值相同时，债券的名义收益率才会等于实际收益率。

（二）即期收益率

即期收益率也称现行收益率，是指投资者当时所获得的收益与投资支出的比率，计算公式为：

$$即期收益率 = 年利息收入 \div 投资支出 \times 100\%$$

例如，某债券面值为 100 元人民币，票面年利率为 6%，发行时以 95 元人民币出售，那么在购买的那一年，投资人的收益率是多少？

经分析这是一个即期收益率问题，计算即期收益率为：

$$100 \times 6\% \div 95 \times 100\% = 6.32\%$$

（三）持有期收益率

由于债券可以在发行以后买进，也可以不等到偿还到期就卖出，所以就产生了计算债券持有期的收益率问题。

$$持有期收益率 = [年利息 + (卖出价格 - 买入价格) \div 持有年数] \div 买入价格 \times 100\%$$

例如，某债券面值为 100 元人民币，年利率为 6%，期限为 5 年，每年付息一次。假设以 95 元人民币买进，预计 2 年后会涨到 98 元人民币，并在那时卖出，求持有期收益率。

计算持有期收益率为：

$$[100 \times 6\% + (98 - 95) \div 2] \div 95 \times 100\% = 7.89\%$$

（四）认购者收益率

从债券新发行就买进，一直持有到偿还期到期还本付息，这期间的收益率就为认购者收益率，计算公式为：

认购者收益率＝[年利息收入＋(面额－发行价格)÷偿还期限]÷发行价格×100%

例如，某债券面值为100元人民币，年利率为6%，偿还期限为5年，以99元人民币买进，问到期时认购者收益率为多少？

代入公式可得：

$$[100×6\%＋(100-99)÷5]÷99×100\%＝6.26\%$$

（五）到期收益率

到期收益率是指投资者在二级市场上买入已经发行的债券并一直持有到期满为止的这个期限内的年平均收益率，是将债券持有到偿还期所获得的收益，包括到期时的全部利息。

目前，许多金融机构网站上都提供债券收益率计算器软件，如图2-7所示，投资者可以直接利用软件计算债券的收益率，非常方便。

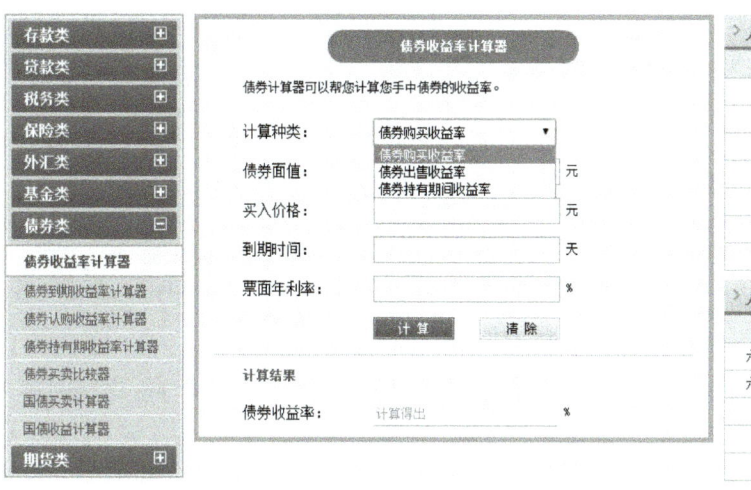

图2-7 债券收益率计算机器软件

任务反馈

1. 债券的构成要素包括哪些？

_____
_____
_____
_____

2. 债券有哪些种类？请比较各种种类的风险性和收益性。

_____
_____
_____
_____

任务评价

结合任务评价表，对完成任务情况做出评价。

任务评价表

工作任务 评价要点			熟悉债券的含义、构成要素特征、分类，以及影响债券价格的因素	
			评价标准	评价得分
出勤情况			☆☆☆	
遵守职业岗位纪律情况			☆☆☆	
任务实施	小组讨论探究，阐述回答，展示团队及团队合作的有效性	自评	☆☆☆	
		他评	☆☆☆	
		师评	☆☆☆	
任务反馈情况			☆☆☆	

任务拓展

债券的价格和市场利率息息相关，请查找影响市场利率的因素，并分析这些因素与债券价格的变动关系。

_____
_____
_____

知识链接

债券的违约风险和评级

债券的违约风险是指发行者不能履行合约，无法按期还本付息，违约风险也叫信用风险。政府债券不存在违约风险问题，而公司债券的违约风险比政府债券高，因此，投资者需要较高的利率作为补偿。

债券的违约风险的测定由信用评级机构负责，美国的主要信用评级机构包括穆迪公司、标准普尔公司、惠誉公司和达夫与费尔普斯公司四家信用评级机构。这些信用评级机构对公司债券和市政债券进行信用评级，并用字母 A、B、C、D 等标准等级表示债券的安全性。

任务二 证券投资基金

任务情景

经过市场调查，客户张大爷感觉债券虽然比较安全，但收益不太理想。他听说基金是一款不错的投资品种，于是来到银行想了解一下，看看自己是否适合投资基金。让我们一起学习基金的知识，帮助张大爷吧。

任务布置

熟悉证券投资基金的含义、分类和选择方法。

讨论探究：我们都听说过红十字基金、诺贝尔基金，这些基金和证券投资基金有什么相似相同点和不同点呢？

课堂随笔：_____
_____
_____

任务分析

基金是现代金融市场的超级产品，有很多种类，但是其中最常见，也是规模最庞大的基金是那些二级市场的证券投资基金。老百姓平时接触最多的基金产品，如"华夏大盘精选""嘉实沪港深精选""工银沪深300""天弘余额宝"等都属于这类基金。下面就让我们揭开证券投资基金的面纱，一起去探个究竟。

任务实施

一、证券投资基金的含义

证券投资基金是指通过发售基金份额募集资金形成独立的基金财产，由基金管理人管理、基金托管人托管，以资产组合方式进行证券投资，基金份额持有人按其所持份额享受收益和承担风险的投资工具。

（1）证券投资基金以集资的方式集合资金，并将已集合的资金用于证券投资。证券投资基金通过向投资者发行基金券，将众多投资者分散的小额资金汇集成一个较大数额的基金，对股票、债券等有价证券进行投资。

（2）证券投资基金利用信托关系进行证券投资。信托就是投资人将财产委托给可以信赖的第三者，让其按照该投资人的要求加以管理和运用的行为。投资人将财产委托给专业机构进行证券投资，就是对该机构的信任，而该机构完全按照投资人的要求进行管理和投资，并将收益分配给投资人，显然这是一种信托行为。

（3）证券投资基金是间接的证券投资方式。投资人购买基金份额后，基金作为自己的财产投资于证券市场，因此投资人的证券投资是间接的。因此，投资人不能参与发行证券投资基金的公司的决策和管理。

二、证券投资基金的特点

证券投资基金作为一种现代化的投资工具，主要具有以下三个特征。

（1）集合投资。证券投资基金将零散的资金巧妙地汇集起来，交给专业机构投资于各种金融工具，以谋取资产的增值。证券投资基金对投资的最低限额要求不高，投资人可以根据自己的经济能力决定购买数量，有些证券投资基金甚至不限制投资额大小，完全按照份额计算收益的分配，因此，证券投资基金可以最广泛地吸收社会闲散资金，集腋成裘，汇成规模巨大的投资资金。在参与证券投资基金的投资时，资本越雄厚，则优势越明显，而且可能享有大额投资在降低成本上的相对优势，从而获得规模效益的好处。

（2）分散风险。以科学的投资组合降低风险、提高收益是证券投资基金的另一个特点。在投资活动中，风险和收益总是并存的，因此，"不能将所有的鸡蛋放在一个篮子里"是证券投资的箴言。但是，若要实现投资资产的多样化，则需要一定的资金实力，对小额投资人而言，由于资金有限，很难做到这一点，而证券投资基金则可以帮助中小投资人解决这个困难。证券投资基金可以凭借其雄厚的资金，在法律规定的投资范围内进行科学的组合，将资金分散投资于多种证券，借助资金庞大和投资人众多的公有制使每个投资人面临的投资风险变小，同时利用不同的投资人之间的互补性，达到分散投资风险的目的。

（3）专业理财。证券投资基金实行专业管理制度，那些专业管理人员都经过专门训练，具有丰富的证券投资和其他项目投资经验。他们善于利用基金与金融市场的密切联系，运用先进的技术手段分析各种信息资料，能够对金融市场上各种证券的价格变动趋势做出比较正确的预测，可以最大限度地避免投资决策的失误，提高投资成功率。对于那些没有时间，或者对市场不太熟悉，没有能力专门研究投资决策的中小投资人来说，投资基金实际上就是获得专业人士在市场信息、投资经验、金融知识和操作技术等方面所拥有的专业知识，从而尽可能地避免盲目投资带来的失败。

三、证券投资基金的分类

（一）按证券投资基金运作方式分类

1. 封闭式证券投资基金

封闭式证券投资基金，又称固定型证券投资基金，是指证券投资基金的发起人在设立证券投资基金时限定了证券投资基金单位的发行总额，待筹集到这个总额后，证券投资基金即宣告成立，并进行封闭，在一定时期内不再接收新的投资。证券投资基金单位的流通采取在证券交易所上市的办法，投资人买卖证券投资基金单位都必须通过证券经纪商在二级市场上进行竞价交易。

封闭式证券投资基金的期限是指证券投资基金的存续期，即证券投资基金从成立日起到终止日之间的时间。决定证券投资基金期限长短的因素主要有两个，一个因素是证券投资基金本身投资期限的长短，如果投资证券投资基金的目的是进行中长期投资（如创业基金），则其存续期就可长一些，反之，如果投资基金的目的是进行短期投资（如货币市场基金），则其存续期可短一些。另一个因素是宏观经济形势，若经济稳定增长时，则证券投资基金存续期可长一些，若经济波浪起伏，则证券投资基金存续期应相对地短一些。当然，在现实中，存续期的长短还应考虑证券投资基金发起人和众多投资人的要求。证券投资基金期限届满即为证券投资基金终止，管理人应组织清算小组对证券投资基金资金进行清产核资，并将清产核资后的证券投资基金净资产按照投资人的出资比例进行公正合理的分配。

证券投资基金在运行过程中时，如果因为某些特殊的情况使得证券投资基金的运作无法继续进行，则报经主管部门批准后，可以提前终止。提前终止的情况有：

（1）国家法律和政策的改变使得该证券投资基金的继续存在为非法或不适宜；

（2）管理人因故退任或被撤换，无新的管理人承继；

（3）托管人因故退任或被撤换，无新的托管人承继；

（4）证券投资基金持有人大会上通过提前终止证券投资基金的决议。

2. 开放式证券投资基金

开放式证券投资基金是指证券投资基金管理公司在设立证券投资基金时，发行证券投资基金单位的总份额不固定，可视投资人的需求追加发行。投资人也可根据市场状况和各自的投资决策，或者要求发行机构按现期净资产值扣除手续费后赎回股份或受益凭证，或者再买入股份或受益凭证增持证券投资基金单位份额。为了应付投资人中途抽回资金以实现其变现的要求，开放式证券投资基金一般都从所筹资金中拨出一定比例，以现金形式保持这部分资产。这虽然会影响证券投资基金的盈利水平，但作为开放式证券投资基金来说，这是必需的。

3. 封闭式证券投资基金与开放式证券投资基金的区别

（1）期限不同。封闭式证券投资基金有固定的封闭期，通常在5年以上，一般为10年或15年，经受益人大会通过并经主管机关同意可以适当延长期限。而开放式证券投资基金没有固定期限，投资人可随时向证券投资基金管理人赎回证券投资基金单位。

（2）发行规模限制不同。封闭式证券投资基金在招募说明书中列明其证券投资基金规模，在封闭期限内未经法定程序认可不能再增加发行。开放式证券投资基金没有发行规模限制，投资人可随时提出认购或赎回申请，证券投资基金规模随之增加或减少。

（3）证券投资基金单位交易方式不同。封闭式证券投资基金的证券投资基金单位在封闭期限内不能赎回，持有人只能寻求在证券交易场所出售给第三者。开放式证券投资基金的投资人可以在首次发行结束后的一段时间（通常为3个月）后，随时向证券投资基金管理人或中介机构提出购买或赎回申请，买卖方式灵活，除极少数开放式证券投资基金在交易所名义上市外，通常不上市交易。

（4）证券投资基金单位的交易价格计算标准不同。封闭式证券投资基金与开放式证券投资基金的证券投资基金单位除首次发行价都是按照面值加一定百分比的购买费计算外，以后的交易计价方式不同。封闭式证券投资基金的买卖价格受市场供求关系的影响，常出现溢价或折价现象，并不必然反映证券投资基金单位的净资产值。开放式证券投资基金的交易价格则取决于证券投资基金每单位净资产值的大小，其申购价一般是证券投资基金单位资产值加一定的购买费用，赎回价是证券投资基金单位净资产值减去一定的赎回费，不直接受市场影响。

（5）投资策略不同。封闭式证券投资基金的证券投资基金单位数不变，资本不会减少，因此封闭式证券投资基金可进行长期投资，证券投资基金资产的投资组合能够有效地在预定计划内进行。开放式证券投资基金因证券投资基金单位可随时赎回，可应付投资人随时赎回兑现，所以证券投资基金资产不能全部用来投资，更不能把全部资本用来进行长期投资，为了保证证券投资基金资产的流动性，在投资组合上需保留一部分现金和高流动性的金融商品。

从发达国家金融市场来看，开放式证券投资基金已成为世界证券投资基金的主流。世界证券投资基金发展史从某种意义上说就是从封闭式证券投资基金走向开放式证券投资基金的历史。

（二）按投资目标分类

1. 成长型证券投资基金

成长型证券投资基金是证券投资基金中最常见的一种，它追求的是证券投资基金资产的长期增值。为了达到这一目标，证券投资基金管理人通常将证券投资基金资产投资于信誉度较高、有长期成长前景或长期盈余的成长型公司的股票。成长型证券投资基金又可分为稳健成长型证券投资基金和积极成长型证券投资基金。

2. 收入型证券投资基金

收入型证券投资基金主要投资于可带来现金收入的有价证券，以获取当期最大收入为目的。收入型证券投资基金资产成长的潜力较小，损失本金的风险相对也较低，一般可分为固定收入型证券投资基金和股票收入型证券投资基金。固定收入型证券投资基金的主要投资对象是债券和优先股，尽管收益率较高，但长期成长的潜力很小，而且当市场利率波动时，证券投资基金单位的净值容易受到影响。股票收入型证券投资基金的成长潜力比较大，但易受股市波动的影响。

3. 平衡型证券投资基金

平衡型证券投资基金将资产分别投资于两种不同特性的证券上，并在以取得收入为目的的债券及优先股证券，以及以资本增值为目的的普通股证券之间进行平衡。这种证券投资基金一般将 25%～50%的资产投资于债券及优先股证券，将其余的资产投资于普通股证券。平衡型证券投资基金的主要目的是从其投资组合的债券中得到适当的利息收益，与此同时又可以获得普通股证券的升值收益。投资人既可获得当期收入，又可得到资金的长期增值。平衡型证券投资基金的特点是风险比较低，其缺点是成长潜力不大。

（三）按投资标的分类

1. 债券型证券投资基金

债券型证券投资基金以债券为主要投资对象。通常，债券比例须占 80%以上。

由于债券的年利率固定，所以这类基金的风险较低，适合于稳健型投资人。

通常，债券型证券投资基金收益会受货币市场利率的影响，若货币市场利率下调，则债券型证券投资基金的收益率就会上升；反之，若货币市场利率上调，则债券型证券基金的收益率下降。除此以外，汇率也会影响债券型证券投资基金的收益，管理人在购买非本国货币的债券时，往往还在外汇市场上做套期保值。

2. 股票型证券投资基金

股票型证券投资基金以股票为主要投资对象，股票比例须在 60%以上。

股票型证券投资基金的投资目标侧重于追求资本利得和长期资本增值。股票型证券投资基金管理人拟定投资组合，将资金投放到一个或几个国家，甚至是全球的股票市场，以达到分散投资、降低风险的目的。

投资人之所以钟爱股票型证券投资基金，原因在于其可以有不同的风险类型供选择，而且可以克服股票市场普遍存在的区域性投资限制的弱点。此外，该基金还具有变现性强、流动性强等优点。由于聚集了巨额资金，几只甚至一只股票型证券投资基金就可以引发股市动荡，所以各国政府对股票型证券投资基金的监管都十分严格，均规定股票型证券投资基金购买某一家上市公司的股票总额不得超过股票型证券投资基金资产净值的一定比例，以防止股票型证券投资基金过度投机和操纵股市。

3. 货币市场型证券投资基金

货币市场型证券投资基金是以货币市场工具为投资对象的一种证券投资基金。货币市场型证券投资基金通常被认为是无风险或低风险的投资，其投资对象一般是期限在一年内的金融产品，包括银行短期存款、国库券、公司债券、银行承兑票据及商业票据等。通常，货币市场型证券投资基金的收益会随着市场利率的下跌而降低，与债券型证券投资基金正好相反。

4. 混合型证券投资基金

混合型证券投资基金主要从资产配置的角度进行投资，对其投资股票、债券和货币的比例没有固定的要求。

（四）按投资理念分类

1. 主动型证券投资基金

主动型证券投资基金以取得超越市场业绩表现为目标，其管理者一般认为证券市场是无效的，存在着错误定价的股票。

2. 被动型证券投资基金（指数型证券投资基金）

被动型证券投资基金的管理者一般选取特定的指数成份股作为投资对象，不主动寻求超越市场的表现，而是试图复制指数的表现。其管理者认为，市场是有效的，投资人不可能超越市场。

四、证券投资基金的选择方法

（一）宏观环境

如果市场好，则可以选择多配置被动型证券投资基金，这样可以享受指数上升时带来的收益红利。而在市场不好时，则可以稍微多配置一些债券型证券投资基金，以保证较为稳妥的收益。

（二）行业信息

行业的前景和发展决定了可能的收益和回报，所以如果是国家扶持的和有较好发展前景的行业，则可以作为投资证券投资基金的首选。但如果没有时间或能力对个股做研究，则也可以选择行业或板块的被动型证券投资基金，从而分享行业带来的红利。

（三）时机

如果央行有降息降准的动作，则债券的价格一般会上升，所以债券型证券投资基金的收益也会上升，这时应该果断地加大债券型证券投资基金的配置。反之，在央行加息或提高存款准备金率时，则可以下调债券型证券投资基金的配置。

（四）品牌

在挑选主动型证券投资基金时，可以挑选那些优秀的基金公司的明星证券投资基金产品。具体来讲就是，选择历史悠久、规模较大的基金公司旗下的最有口碑的证券投资基金。

任务反馈

1．证券投资基金的特点包括哪些？

_____
_____
_____

2．证券投资基金的分类有哪些？请比较它们的不同。

_____
_____
_____

任务评价

结合任务评价表，对完成任务情况做出评价。

任务评价表

工作任务			熟悉证券投资基金的含义、分类和选择方法	
评价要点			评价标准	评价得分
出勤情况			☆☆☆	
遵守职业岗位纪律情况			☆☆☆	
任务实施	小组讨论探究，阐述回答，展示团队及团队合作的有效性	自评	☆☆☆	
		他评	☆☆☆	
		师评	☆☆☆	
任务反馈情况			☆☆☆	

任务拓展

证券投资基金的收益与其投资标的有很大关系，即投资标的决定了证券投资基金的属性。请思考收益性、风险性和流动性这些属性分别对应了哪种类型的证券投资基金？

_____
_____
_____

知识链接

证券投资基金与股票、债券的区别

（1）反映的经济关系不同。股票反映的是所有权关系，债券反映的是债权债务关系，而证券投资基金反映的则是信托关系，但公司型证券投资基金除外。

（2）筹集资金的投向不同。股票和债券是直接投资工具，它们筹集的资金主要投向实业，而证券投资基金是间接投资工具，其筹集的资金主要投向有价证券等金融工具。

（3）风险水平不同。股票的直接收益取决于发行公司的经营效益，不确定性强，因此投资股票有较大的风险。债券的直接收益取决于债券利率，而债券利率一般是事先确定的，投资风险较小。证券投资基金主要投资于有价证券，投资对象灵活多样，从而使证券投资基金的收益有可能高于债券，且投资风险又可能小于股票。因此，证券投资基金能够满足那些不能或不宜直接参与股票、债券投资的个人或机构的需要。

项目三

保险产品业务

项目内容

任务一　保险
任务二　理财型保险

项目目标

1. 熟悉保险的含义、特征和分类。
2. 熟悉理财型保险分类及适合的投资人群。

任务一　保　险

任务情景

客户张阿姨听说"如果风险来了，保险可以帮你应对。"于是，张阿姨到保险公司咨询有关保险产品的知识。不问不知道，原来保险是个大学问。我们一起学习保险的知识来解答张阿姨的疑问吧。

任务布置

熟悉保险的含义、特征和分类。

> 讨论探究：在人身保险中，人寿保险、人身意外伤害保险和健康保险有什么相同点和不同点呢？
>
> 课堂随笔：_____
> _____
> _____

任务分析

保险合同是承载买卖双方约定保险权利义务关系的协议。保险合同中涉及的保险人、投保人、被保险人、受益人指的都是什么人。让我们一起学习保险业务，去了解人身保险有哪些特性，以及是如何分类的。

任务实施

一、保险的含义

保险是集合具有同类风险的众多单位和个人，以合理计算风险分担金的形式，向少数因该风险事故发生而受到经济损失的单位或个人提供保险经济保障的一种行为。

二、保险的构成要素

（一）保险人

保险人又称承保人，是指与投保人订立保险合同，收取保险费用，在保险事故发生或保险期满时承担损失赔偿或给付保险金责任的保险经营组织。根据我国《保险法》的规定，在我国经营商业保险业务的必须是依法设立的保险公司，其他单位和个人不得经营商业保险业务。因此，在我国保险合同中，所谓保险人就是指依法经营保险业务的保险公司，属于企业法人。

（二）投保人

投保人又称要保人，是指与保险人订立保险合同，并负有支付保险费义务的人或组织。在法律意义上，投保人与保险人是保险合同的当事人，投保人是保险人的相对人。投保人既可以是自然人，也可以是法人或其他非法人组织。

根据我国《保险法》规定，投保人必须对保险标的具有保险利益，否则保险合同无效。在大多数情况下，投保人与被保险人是同一人，投保人与被保险人是不同阶段的两个身份，在订立合同时是投保人，合同成立后就是被保险人，这称为"为自己投保的保险"。在投保人与被保险人不是同一人时，投保人可能是为被保险人代理投保，也可能是为被保险人的利益而投保，这称为"为他人投保的保险"。

（三）被保险人

被保险人是指其财产或人身受保险合同保障，当保险事故发生或保险期满时享有保险金请求权的人。如前所述，"为自己投保的保险"时，被保险人与投保人是同一人，被保险人是保险合同的当事人。"为他人投保的保险"时，投保人与被保险人是不同的人，此时的被保险人称作"保险合同的关系人"，也可将其视为"合同的当事人"。

被保险人在保险事故发生或保险期满时，享有保险赔偿请求权或保险金给付请求权。因此，对于财产保险，被保险人必须是保险标的的所有人或其他权利人，即应具有物权或债权，或者法定的其他利益，并在保险事故发生时遭受经济利益损失。对于人身保险，被保险人以自己的生命或身体作为保险标的，保险事故发生或保险期满时，被保险人基于自己的人身或生命健康遭受损害或约定的利益期限届至而有权请求保险金给付。在没有指定受益人的条件下，被保险人是保险合同中法定的享有保险金请求权的人。

（四）受益人

受益人是指在人身保险合同中，由被保险人或投保人指定的享有保险金请求权的人，投保人、被保险人或第三人都可以成为受益人。

三、人身保险的特征

人身保险的主要特征包括定额给付，保险期限长，具有经济保障性和储蓄性，没有超额投保、重复保险和代位求偿权问题等。

（一）定额给付

众所周知，大部分人身保险具有补偿性，即遭遇意外时参照参保者的实际损失和保险规定来给付保险金，无论是否有第三人对被保险人已经履行赔偿责任，也无论是否有其他保险人对被保险人支付了赔偿。

（二）保险期限长

人身保险的保险期限一般比较长，其保险期限短期则数年，长则十几年、数十年或被保险人的一生。

（三）具有经济保障性和储蓄性

人身保险具有经济保障性和储蓄性。这类长期保险的纯保险费中的大部是用来提存准备金的，这种准备金是保险人的负债，保险人可用来投资以取得利息收入，并将其用于保险金给付。

（四）没有超额投保、重复保险和代位求偿权问题

因为人身保险的保险利益用货币是很难衡量的，所以人身保险通常没有超额投保和重复保险问题。如果被保险人的伤害是由第三者导致的，或者被保险人或其受益人既能够从保险公司取得保险金，也可以向肇事方提出损害赔偿的要求，则保险公司对此没有代位求偿权。

四、人身保险的分类

（一）按保障范围分类

（1）人寿保险，简称寿险，是一种以人的生死为保险对象的保险，是被保险人在保险责任期内生存或死亡，由保险人根据契约规定给付保险金的一种保险。其中，人寿保险的业务范围包括生存保险、死亡保险、两全保险。生存保险是指以约定的保险期限届满时被保险人仍然生存为保险条件，由保险人给付保险金的保险，如养老年金保险。死亡保险是指以保险期限内被保险人死亡为保险条件，由保险人给付保险金的保险。两全保险是指以保险期限内被保险人死亡或被保险人仍然生存为共同保险条件，由保险人给付保险金的保险，如简易人身险。

（2）健康保险是以被保险人的身体为保险标的，以被保险人因疾病或意外伤害而导致的伤、病为保险责任，使被保险人因伤、病发生的费用或损失得到补偿的保险。

（3）人身意外伤害保险是以被保险人的身体为保险标的，以被保险人遭受意外伤害导致的残疾（或死亡）为给付条件的保险。

（4）理财保险是指具有投资功能的投资性保险产品，目前市场上常见的投资型保险产品主要有分红型保险产品、万能型保险产品、投资连结型保险产品。

（二）按投保方式分类

（1）个人保险。单个被保险人在自愿选择的基础上投保的人身保险称为个人保险，保险对象为个人。

（2）联合保险。将存在一定利害关系的两个或两个以上的人视为同一被保险人，如父母、夫妻、子女、兄弟姐妹或合作者等多人，作为联合被保险人同时投保的人身保险称为联合保险。

（3）团体保险。以一份总的保险合同承保某一机关、企业、事业单位或其他团体的全体或大多数成员的人身保险称为团体保险。

（三）按保险期限分类

（1）长期业务。长期业务是指保险期限超过一年的人身保险业务。

（2）一年期业务。一年期业务是指保险期限为一年的人身保险业务，其中以人身意外

伤害保险居多，健康保险也可以是一年期业务。

（3）短期业务。短期业务是指保险期限不足一年的人身保险业务。

（四）按实施方式分类

（1）强制人身保险，也称"法定人身保险"，是国家通过立法规定强制实行的人身保险。

（2）自愿人身保险是人身保险双方当事人在公平自愿的基础上，通过订立人身保险合同，自愿缔结保险关系的一种人身保险形式，保险公司可以选择被保险人和保险标的，投保人可以自由选择保险公司、投保的险种、保险期限和保险金额。

任务反馈

1. 保险的构成要素包括哪些？

_____
_____
_____

2. 保险的种类包括哪些？

_____
_____
_____

任务评价

结合任务评价表，对完成任务情况做出评价。

任务评价表

工作任务 评价要点			熟悉保险的含义、特征和分类 评价标准	评价得分
出勤情况			☆☆☆	
遵守职业岗位纪律情况			☆☆☆	
任务实施	小组讨论探究，阐述回答，展示团队及团队合作的有效性	自评	☆☆☆	
		他评	☆☆☆	
		师评	☆☆☆	
任务反馈情况			☆☆☆	

任务拓展

选择本任务中介绍的一个知识点，模拟保险业务员为客户讲解保险知识的情景，并记录情景中所涉及的要点。

_____
_____
_____
_____

知识链接

购买保险原则

购买保险原则 1：保险具有安全性。

每个人的财富结构形如金字塔，从底层到顶层分别是保险、储蓄、股票，对应的是安全性、流动性、收益性。

很多人都拥有储蓄、基金、股票等项投资，但是往往忽视了安全性需要。保险需要的投资并不多，但可以保障生活水平不会因疾病或意外而突然下降。

购买保险原则 2：没钱也一定要挤点钱买保险的三种家庭。

"单引擎"家庭：只有一方有收入，如果唯一的家庭支柱出险，则财务安全度就会降低的家庭。这样的家庭最需要保险。

存在债务缺口的家庭：有大量房贷、车贷或其他借款的家庭。这样的家庭也需要保险，以缓解收入中断后的偿债压力。

二胎家庭：以前我们总说4-2-1家庭里，中间那个"2"是承担着巨大压力的，而随着二胎政策全面开放，"2"的压力会变得更大。因此，二胎家庭更需要准备教育费用，以保障下一代的成长。

购买保险原则 3：购买要早。

越早购买，被保险人就越早地获得了保障，也就越早地把风险交给保险公司来分担。

更主要的原因是，早购买保险可以获得优惠的费率，还可以免体检。等年龄大了，不仅费率高了很多，还可能因为健康不佳，被保险公司要求增加保费甚至拒保。

购买保险原则 4：从小保单买起。

对于经济条件不是特别宽裕的家庭来说，购买高额保单时应该慎重。保险不是买得越多、越贵就好，而是要力求均匀覆盖所有风险。

不同类型的保险应分别购买，有时购买一份大保单不如购买若干份小保单，以分别覆盖终身寿险、大病治疗和人身意外。

保险是一个长期计划，购买后若退保会损失很多。而一个人的经济收入可能有起有落，在支付能力下降时，可以选择其中某张保单退保，而不致放弃整个保障计划，从而在总费用不变的前提下，增大了财务安全规划的灵活性和流动性。

任务二　理财型保险

任务情景

客户姜先生通过多年的辛苦付出，获得了优秀员工的称号，公司奖励了他20万元人民币作为鼓励。姜先生想用这些钱做一些投资理财以获得更大收益。但是炒股风险太大，存定期收益又太小，他听说理财型保险很适合他。我们快去学习本任务的知识，为姜先生解答疑问吧。

任务布置

熟悉理财型保险策略及适合的投资人群。

讨论探究：投资分红型保险产品、万能型保险产品、投资连结型保险产品时分别要注意哪些问题？

课堂随笔：_____

_____

_____

任务分析

理财型保险是集保险、保障及投资功能于一身的新型保险产品，属于人寿保险的新险种。不同类型的理财型保险保障的内容和收益方式各不相同。分红型保险、投资连结型保险和万能型保险都具有什么样的特征。让我们通过学习，来进行区分吧。

任务实施

一、理财型保险含义

理财型保险是人寿保险市场上新兴的保险产品，和传统的人寿保险产品相比，理财型保险最大的特点是既具有保障功能又有理财功能。理财型保险虽然有固定的保障作为保险保障，但却没有固定的预定利率，投资收益具有不确定性，客户虽然可以获得高额的投资回报但是也需要承担一定的风险。

二、理财型保险的分类

（一）分红型保险

分红型保险是指在获得人寿保险的同时，保险公司将实际经营产生的盈余，按一定比例向保险单持有人进行红利分配的人寿保险产品。分红型保险的红利来源于寿险公司的"三差收益"，即死差益、利差益和费差益。

（1）死差益是指保险公司实际的风险发生率低于预计的风险发生率，即实际死亡人数比预定死亡人数少时所产生的盈余。

$$死差益=（预计死亡率-实际死亡率）\times（保额-当年年末的现金价值）$$

（2）利差益是指资产运用的实际利益率大于责任准备金计算所采用的预计利益率时产生的利益。投资所得的利息、红利收入等收益扣除税款后，若超出应转入责任准备金的利息和投资经费，则其差额即为利差益。

$$利差益=（实际利益率-预订利率）\times（前一年度的现金价值+当年的净保费）$$

（3）费差益是指实际所用的营业费用比依据预定营业费用率所计算的营业费用少时所产生的利益。反之，则称为费差损。

$$费差益=（毛保费-净保费-保险公司当年的管理费用）\times（1+当年的市场利率）$$

保险分红分为保费分红与保额分红两种形式。保费分红也称美式分红，是以客户已经交付的保费（或现有的现金价值）为计算基础，根据分红利率为客户分红，其实质是以客户交付的保费作为权重，在全部客户间分配全部的可分配红利。因为对全体客户采用统一标准，所以无论采用保费价值还是现金价值作为计算基础，其实际差异都不大。保额分红也称英式分红，是相对于保费分红而言的。保额分红以客户投保的保额为计算基础，根据分红利率为客户分红，其实质是以客户投保的保额作为权重，在全部客户间分配全部的可分配红利。

（二）万能型保险

万能型保险不仅具备人寿保险的基本功能，而且还可以使客户直接参与由保险公司为投保人建立的投资账户内资金的投资活动，保单价值与保险公司独立运作的投保人投资账户内的资金的业绩挂钩。在兼顾投资收益及相关保障的同时，万能型保险以法律的手段保证客户的资产，是一种理想的"风险准备金"存储方式。

万能型保险有交费灵活、保额可调整、保单价值领取方便等特点。交费灵活是指可以任意选择、变更交费期，既可以在未来收入发生变化时缓交或停交保费，也可以在三年、五年或更长时间后再继续补交保费，还可以一次或多次追加保费。保额可调整是指可以在一定范围内自主选择或随时变更"基本保额"，从而满足客户对保障、投资的不同需求。保单价值领取方便是指客户可以随时领取保单价值金额作为子女的教育金、婚嫁金、创业金，也可用作自己或家庭其他成员的医疗储备金、养老储备金等。

（三）投资连结型保险

投资连结型保险是一种融保险与投资功能于一体的新险种，该保险产品设有保证收益账户、发展账户和基金账户等多个账户，每个账户的投资组合不同，因此收益率也不同，且投资风险也不同。由于投资账户不承诺投资回报，所以客户交付资产管理费后，自行承担投资收益和投资损失。该产品充分利用专家理财的优势，客户在获得高收益的同时也承担投资损失的风险。因此，投资连结型保险适合于具有理性的投资理念，追求资产高收益，同时又具有较高风险承受能力的投保人。

三、理财型保险的适合人群

原则上，理财型保险适合那些已经拥有基本的养老、重疾、意外、医疗保障，又有部分闲置资金，个人的投资偏好比较趋于保守或没有时间打理闲置资金的投资人群。不同种类的理财型保险适应的人群也不一样。

（一）分红型保险

分红型保险通常提供保底的预定利率，但这种分红型保险的利率比传统理财险的利率稍低，一般只有1.5%~2.0%。分红型保险除固定生存利益外，每年还有不确定的红利。

（1）优势：收益与保险公司经营业绩挂钩，理论上可以抵御或部分抵御通货膨胀对投资资金的威胁，使投资资金相对保值甚至增值。

（2）劣势：分红具有不确定性，可能因保险公司的经营业绩不好而使被投保人受到损失。要挑选一家实力强、信誉好的保险公司来购买该类保险。

（3）适合人群：比较保守，不愿意承担风险，容易冲动消费，比较感性的投资人。

（二）万能型保险

万能型保险在扣除部分初始费用和保障成本后，保费进入个人投资账户，可保证最低收益（目前一般在1.75%~2.5%），有的保险公司与银行合作，保证收益与一年期定期税后利率挂钩。万能型保险除必须满足约定的最低收益外，还有不确定的"额外收益"。

（1）优势：万能型保险的特点是下有保底利率，上不封顶，每个月公布结算利率（目前大部分为5%~6%），按月结算，复利增长，可有效抵御银行利率波动和通货膨胀的威胁，账户比较透明，存取相对比较灵活，追加投资方便，寿险保障可以根据不同年龄阶段提高或降低，可以灵活应对收入和理财目标的变化。

（2）劣势：存取灵活既是优势也是劣势，对储蓄习惯不太好、自制能力不够强的投资人来说，可能最后存不够所需的资金。

（3）适合人群：比较理性，坚持长期投资，自制能力强的投资人。

(三）投资连结型保险

投资连结型保险也叫"基金的基金"，是一种长期投资的手段，设有不同风险类型的账户，与不同投资品种的收益挂钩，不设保底收益，保险公司只收取账户管理费，盈亏由客户全部自负。

（1）优势：以投资为主，兼顾保障，由理财专家选择投资品种，不同账户之间可灵活转换，以适应资本市场不同的形势，只要坚持长线投资，有可能收益很高。

（2）劣势：投资连结型保险是保险中投资风险最高的一类，如果因受短期波动影响而盲目调整，则有可能损失较大。

（3）适合人群：比较年轻，能够承受一定的风险，坚持长期投资的投资人。

四、选购理财型保险注意事项

（一）选购分红型保险注意事项

1. 选择实力强大的公司

与传统的人寿保险的定值给付不同，分红型保险的利益是变动的。保险公司每年向客户派发的红利不是定值，而是随保险公司实际经营绩效波动的。客户未来获得红利的多少，取决于保险公司业务经营能力的强弱。因此，客户在选择购买分红型保险时，应该在认真了解保险本身的保险责任、费用水平等基础上，选择实力强大的保险公司进行购买。一要看保险公司的实力。实力雄厚的保险公司在资源上往往具有一定的优势，能够为客户提供更好的服务。二要看保险公司的经营管理水平，包括保险公司投资业绩、品牌形象等。

2. 切忌盲目跟风购买

很多消费者一听说有很高的回报，就匆匆投保分红型保险，这是不理性的行为。现今，我国大多数居民还处于缺少保障类保险的现状。在选择保险时，应该首先选择保障型保险，在健康和医疗保障充足的情况下才可考虑分红型保险，否则一旦因为健康原因或发生意外风险导致收入下降，缴纳分红型保险续期保费能力出现困难，则会得不偿失。因此，投保人应该在获得充分保障的基础上再选择购买分红型保险，切不可为追求红利而盲目购买分红型保险。

3. 了解自身需求

客户在购买分红型保险时，要正确分析个人保险需求，并充分考虑个人风险承受能力。分红型保险比较适合收入稳定的客户购买，对于有稳定收入来源、短期内又没有大笔开销的客户，购买分红型保险是一种较为合理的理财方式。但是，收入不稳定，或者短期内预计有大笔开支的客户要慎重选择分红型保险。分红型保险的变现能力相对较差，若中途想要退保提现来应付不时之需，则可能会连本金都难保。

（二）选购万能型保险注意事项

（1）万能型保险有初始费、管理费和手续费。通常，万能型保险的初始费从3%到50%不等；管理费从固定每个月几元到每年按保险金额收取1%不等；手续费从逐年收取降低到一次性收取不等。在同等的保险金额下，应选择费用较低的组合，以避免不必要的成本支出。

（2）万能型保险有人身保障，不同的万能型保险有不同的保障范围，有的万能型保险将意外保障包含在保单中，不额外扣费，当需要医疗、大病等保障时可额外购买附加保险；有的万能型保险直接包含意外及大病保障，但要扣除保障费用。

（3）选择万能型保险时可以根据自己的投保目的来判断：以理财投资为主要目的的客户可以选择不支付额外费用而拥有基本保障；有医疗、大病等保障需求的客户可以选择支付部分保障费用以换取较多金额和较多品种的保险保障。

（4）不同的万能型保险结算利率也不同，如2010年11月公布的在售16家保险公司近50个万能型保险折合年结算利率最低3.6%，最高4.7%。选择万能型保险时一定要关注结算利率，最好查询每个月公布的数据，以波动较小、平均利率较高为宜。

（5）对追求稳健收益、看重复利效应的客户来说，传统的月度结算模式的保险可能更稳妥；而对于较激进，看重保险公司专家能力，希望获得股市高收益的客户来说，双重结算模式的保险更具灵活性。

（三）选购投资连结型保险注意事项

1. 了解基本运作

通常，投资连结型保险都有两个基本账户：保费账户和投资账户。投保人的部分保费作为购买人寿保险的保障，其余保费作为投资资金，按投保人的意愿分配在几个投资账户中。投资账户投资于证券市场、债券市场、货币市场工具、公开发行上市的封闭式证券投资基金、开放式证券投资基金、各类债券型、货币型基金等方向。目前，我国的投资连结型保险没有公布投资标的的详细信息，所有的保险公司只是根据投资账户的特性设立3~4个不同类型的投资连结型保险账户。

2. 选择适合的账户类别

由于投资连结型保险账户的投资范围比较广，除股票、债券、现金类外，还有各种类型的基金。例如，国金证券公司将投资连结型保险账户分为股票型账户、债券型账户、货币型账户、混合灵活配置型账户、混合偏股票型账户、混合偏债券型账户共6类。各个账户投资标的及比例不同，因此其潜在的收益和风险也不同。例如，股票型账户在权益类配置上的均值大于等于60%，其对应的风险和潜在收益最大，适合风险承受能力较强的投资者。

3. 灵活转换

投资连结型保险最大的特点在于各个账户之间的转换是免费的。当"牛市"转"熊市"时，可以将资金从高风险的混合偏股票型账户转移到低风险的偏债券型账户；当"熊市"转"牛市"时，则可以做反向操作。

任务反馈

1. 理财型保险的种类包括哪些？

_____

2. 选购理财型保险的注意事项有哪些？

_____

任务评价

结合任务评价表，对完成任务情况做出评价。

任务评价表

工作任务			理财型保险的分类	
			选购理财型保险时的注意事项	
评价要点			评价标准	评价得分
出勤情况			☆☆☆	
遵守职业岗位纪律情况			☆☆☆	
任务实施	小组讨论探究，阐述回答，展示团队及团队合作的有效性	自评	☆☆☆	
		他评	☆☆☆	
		师评	☆☆☆	
任务反馈情况			☆☆☆	

任务拓展

选择一位有收入来源的朋友,尝试为他选购一款理财型保险,并说明理由。

_____
_____
_____

知识链接

如何选购理财型保险,购买保险应规避的三大误区

保险作为一种新的理财方式,正在不断地被人们所接受。然而,很多人在具体的选购过程中,仅关注自己的收入,盲目购买,从而造成不必要的经济压力。在选购保险时,要规避以下三大误区。

误区一:定期存款安全。当重大疾病和事故发生时,定期存款不能及时提取以解决问题。在这一点上,保险产品具有绝对优势。保险产品可以投资于财务管理,并且可以在重大事故或重大疾病发生时以安全为基础提供必要的保障。

误区二:收益越多越好。在投资和理财时,不应只看重收入,而是应将保险作为家庭财务管理的辅助。在财务管理方面,首先应该清楚我们想要做什么,然后再选购投资和理财产品,而不是仅考虑收益。保险的特点是投保时间越长,收益就越稳定。

误区三:买得越多越赚钱。在购买保险之前,应该做一个关于自己财产的全面分析,在购买时量力而行。应该根据自己的生活和财务状况来调整保险险种和保额。如果购买超过自身承受能力的保险,则很可能造成因为交不出保费而退保,从而造成不必要的损失。

项目四

贵金属产品业务

项目内容

任务一　贵金属
任务二　贵金属投资

项目目标

1．熟悉贵金属的含义和特性。
2．熟悉贵金属投资的方式，以及影响贵金属价格的主要因素。

任务一　贵金属

任务情景

说到贵金属投资，客户张阿姨自信满满地认为自己在贵金属投资方面可以算作一个有资历、有眼光的投资人，她从年轻时起就开始购买金项链、金戒指、金耳环等各种金饰。但是，客户经理告诉张阿姨，贵金属投资没有那么简单，里面的门道可多了。让我们一起来了解贵金属投资的相关知识吧。

任务布置

熟悉贵金属的含义和特性。

讨论探究：贵金属的特性有哪些？
课堂随笔：_____

任务分析

贵金属作为一种特殊的具有投资价值的商品，受到很多投资者的喜爱。贵金属具有什么样的特性，又是以怎样的形态在贵金属市场交易、流通的，让我们一同学习本任务，来解决以上问题吧。

任务实施

一、贵金属的含义

贵金属主要是指金、银和铂族金属（钌、铑、钯、锇、铱、铂）等金属元素。这些金属大多具有美丽的色泽，并具有较强的化学稳定性，且一般条件下不易与其他化学物质发生化学反应。其中，黄金是全球通行的"硬通货"，当市场变化莫测时，以黄金为代表的贵金属往往成为保障资产稳定的"压舱石"。

二、贵金属的特性

（一）对抗通货膨胀的理想武器

在一些极端的情况下，货币价值贬值，货币的购买力日渐降低，变得"不值钱"，甚至货币通货膨胀严重，货币就会变得如同"废纸"一般。但是贵金属的价值则会随着通货膨胀而上升，也就是说，贵金属抵消了通货膨胀的损失，保证了投资者的资产不会被通货膨胀侵蚀。

（二）卓越的避险功能

当发生战争或经济危机时，各种普遍的投资工具，如股票、基金、房地产等，都会受到严重的冲击，这时贵金属就体现了很好的避险属性。即使遭遇经济危机，贵金属的价值仍能维持不变甚至稳步上升，保持了资产的价值。而随着贵金属矿藏的不断开采和需求的不断增加，贵金属变得更加稀有，因此更增强了贵金属的避险属性。

（三）贵金属市场难以被操控

贵金属市场属于全球性市场，没有任何个人或财团有足够的资金能够操控全球贵金属市场，因此贵金属价格能够一直保持在反映实际供求关系的水平。贵金属的价格全球统一，没有交易商的报价会偏离实际范围，因为一旦报出偏离的价格，全球就会有大量的投资者进行无风险套利。同时，由于贵金属市场无法被人为操纵，所以投资者在价格公平度方面就得到了保障。

（四）贵金属市场不易崩盘

贵金属是不可再生的稀有金属，目前开采的贵金属的总量已超过地球蕴藏量的一半，贵金属未来的供给量只会越来越少，这使得贵金属价格一直上升，即使中间时有波动，但长期而言，贵金属价格仍然是一路看好，所以贵金属市场的不容易崩盘。

（五）日不落市场，可24小时交易

贵金属是全球通行的交易产品。因此，当一个国家的贵金属市场休市时，另一个国家的贵金属市场却正在开市，由于全球各地的交易时间连成一线，24小时内贵金属都有活跃的报价，因此可以随时进行交易。当股票市场收市后，贵金属投资者仍然能够捕捉各种投资机会进行交易操作，并可以把世界每一分钟的变动转为实实在在的盈利。

（六）世界通行

曾经人们都视贵金属为出远门的最佳盘缠，时至今日，贵金属仍然是世界通行的货币。在世界各地的银行，人们都能够把贵金属兑换为当地的货币，贵金属可以全世界通行无阻。

（七）没有折旧问题

几乎所有的奢侈品都会遇到折旧的问题，如名包、名表、名车等，买回来后就无法再按照原价出售。但贵金属不存在折旧的问题，其光辉和价值是永久的。例如，当黄金首饰久经佩戴变得失色之时，黄金本身的价值并没有消减，市场上没有价格打了折扣的二手黄金，黄金只要重新清洗就可以恢复原来的光泽，并可以随时熔炼制造为全新的首饰或金条。

任务反馈

请根据贵金属投资的特性，分析哪类人群适合投资贵金属？

任务评价

任务评价表

工作任务		熟悉贵金属的含义和特性	
评价要点		评价标准	评价得分
出勤情况		☆☆☆	
遵守职业岗位纪律情况		☆☆☆	
任务实施	小组讨论探究，阐述回答，展示团队及团队合作的有效性	自评 ☆☆☆	
		他评 ☆☆☆	
		师评 ☆☆☆	
任务反馈情况		☆☆☆	

任务拓展

贵金属投资的影响因素有哪些？分析当前局势，说一说贵金属的未来趋势？

_____

_____

_____

知识链接

国际黄金价格一天下跌 20%

2013 年，在美联储的授意下，华尔街某些金融家经过一年的造势，终于出手做空黄金，使黄金价格大跌，世界哗然。

2013 年 4 月的国际黄金市场上演"惊心动魄"一幕，国际黄金价格在 2013 年 4 月经历了一次震撼式暴跌，最低下探到 1 321 美元/盎司。从 4 月 26 日起出现一波幅度较大的反弹期（2013 年 4 月 29 日收盘于 1 467.4 美元/盎司）。对于 5 月份国际市场黄金价格走势，各种预测观点南辕北辙，黄金价格走势依然是"雾里看花"。

黄金弱势后，美国铸币局金币月销售量创新纪录。最新数据显示，2013 年 4 月售出金币 196 500 盎司，而 2012 年同期售出 20 000 盎司，几乎是 10 倍之差，其中十分之一盎司的金币暂时缺货。分析师表示，亚洲实物黄金需求是提高金价的主要原因之一，除见诸报端的中国香港金柜频频被大量扫货外，中国各城市的实物黄金都出现旺销局面。

2013 年的"五一"小长假上演了"满城尽带黄金甲"的大片，以大妈大婶们为主流的中国主妇大量购买黄金，导致许多城市的商场中的黄金专柜被"一扫而空"。"华尔街金融家抵不过中国大妈"成为热议话题。在纽约商品交易所（COMEX）过去三个月的现货黄金销售量中，摩根大通（JPM）占据了99.3%。这意味着自2月1日到4月25日之间，摩根大通已经卖出了196.6万金衡制盎司（1份黄金期货合约代表100金衡制盎司）的黄金。其实，金饰店内的黄金量，本来就和整个黄金市场不在一个数量级内；而亚洲市场买入的黄金量根本无法从根基上撼动全世界的黄金市场。

任务二 贵金属投资

任务情景

客户金先生在某银行开立了贵金属账号，想利用工作之余投资贵金属。可是他并不知道如何买卖贵金属和怎么持仓。我们一起学习贵金属投资，为金先生解答疑惑吧。

任务布置

熟悉贵金属的投资种类、投资方式，以及影响贵金属价格的主要因素。

> 讨论探究：贵金属投资的种类有哪些？区别在哪里？
> 课堂随笔：＿＿＿＿＿＿＿＿＿＿＿＿＿＿＿＿＿＿＿＿＿＿＿＿＿＿＿＿
> ＿＿＿＿＿＿＿＿＿＿＿＿＿＿＿＿＿＿＿＿＿＿＿＿＿＿＿＿＿＿＿＿＿＿
> ＿＿＿＿＿＿＿＿＿＿＿＿＿＿＿＿＿＿＿＿＿＿＿＿＿＿＿＿＿＿＿＿＿＿

任务分析

随着通货膨胀威胁的加剧，全球经济形势的动荡，以及世界金融危机的爆发，贵金属投资需求呈现出爆发式的增长趋势。请说一说都有哪些因素会影响贵金属的价格，我们可以通过什么渠道或形式购买贵金属并进行投资呢？

任务实施

一、贵金属投资种类

（一）实物贵金属

贵金属投资中常见的是实物贵金属投资交易，投资者通过全额购买贵金属实物，在市场行情超过当初的买入价时,投资者把实物贵金属卖出以获取盈利。实物贵金属投资的投入成本比较高,我国贵金属市场价格波动不大,不建议新手投资。

(二) 贵金属凭证

贵金属凭证是我国特有的投资产品,投资者可利用银行发行的纸质贵金属凭证进行投资,如纸黄金、纸白银等,这种贵金属投资有杠杆比例,即可以降低投资的成本以提高盈利的数目,比例通常是 1∶10。但是,由于我国市场贵金属价格的波动不大,甚至可以说是平稳,所以投资者即使利用杠杆比例降低成本提高盈利,其盈利的机会也很少。

(三) 现货贵金属

现货贵金属和贵金属凭证类似,但是贵金属的杠杆比例更高,比例通常是 1∶100,因此,现货贵金属的成本大、比例降低。投资者在投资时需要上交一定数额的保证金,在结束投资之后保证金得以返回。现货贵金属最大的特点就是可以在国际市场交易。国际现货黄金,也叫伦敦金,是即期交易,可以在交易成交后交割或数天内交割。从交易时间上看,国际现货黄金可以 24 小时连续交易,并可在任何时段进场操作。国际现货黄金采取的是 T+0 的双向交易机制,投资者当天可以多次开仓、平仓、买涨、买跌,无交割限制。此外,国际现货黄金是外盘市场,各国政府、中央银行、机构公司等都可在其中交易,信息完全透明,市场活跃,不存在庄家。

(四) 黄金期货

黄金期货是指以国际黄金市场未来某时点的黄金价格为交易标的时期合约,合约到期后以实物交割。黄金期货保证金模式比例一般为百分之十左右,收益较高,实行 T+0 双向交易模式,当日可多次开仓、平仓、买涨、买跌。不过,黄金期货的交易时间短,与国际金价不接轨,跳空现象频繁。此外,黄金期货市场同股票市场一样存在庄家,也存在信息不对称的问题。

二、贵金属投资方式

(一) 柜面交易

投资者可凭本人有效身份证件和借记卡到指定网点,填写银行开户申请表,在申请表中的"贵金属"一项前打钩,之后去柜面办理开通贵金属柜面交易。开通贵金属柜面交易流程如图 2-8 所示。

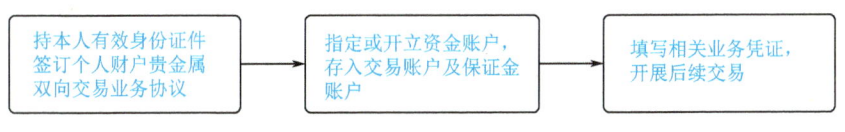

持本人有效身份证件签订个人财户贵金属双向交易业务协议 → 指定或开立资金账户,存入交易账户及保证金账户 → 填写相关业务凭证,开展后续交易

图 2-8 开通贵金属柜面交易流程

（二）网上银行交易

贵金属网上银行交易流程如图 2-9 所示。

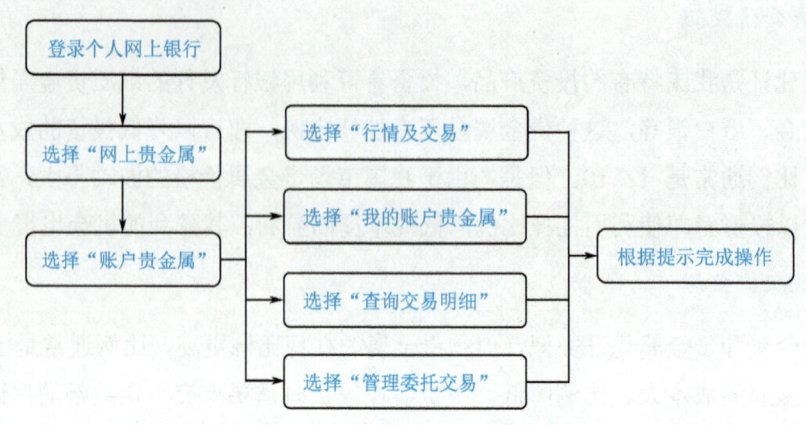

图 2-9　贵金属网上银行交易流程

（三）手机银行交易

贵金属手机银行交易流程如图 2-10 所示。

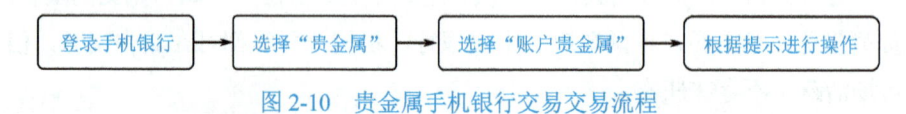

图 2-10　贵金属手机银行交易交易流程

三、影响贵金属价格的主要因素

投资贵金属时要留意多种影响因素，美联储加息、各国相关政策和全球经济周期变化等因素都会导致贵金属价格波动。国际地缘政治与环境，如战争；宏观经济与投资环境，如 GDP 增速、通货膨胀率、汇率、利率、资本市场流动性都会影响贵金属价格。供需基本面与相关商品市场、内外盘期货市场的变化、黄金 ETF 基金持仓情况、金银币区间价格等，也与贵金属价格有关联。贵金属价格是多方面因素共同作用的结果，通常处于稳健中有波动的状态，因此投资贵金属可以达到避险和资产保值的效果。

与黄金相比，白银价格波动幅度更大，国内外价差明显。操作白银交易时更要做好仓位和风险控制，应遵循"顺势、控仓、止损、持盈"的原则，防止满仓交易，合理控制亏损，实现最终盈利。

任务反馈

1. 贵金属投资的种类有哪些，适合什么样的人群？

2. 贵金属投资的方式有哪些？

任务评价

结合任务评价表，对完成任务情况做出评价。

任务评价表

工作任务 评价要点			熟悉贵金属的投资种类、投资方式， 以及影响贵金属价格的主要因素	
			评价标准	评价得分
出勤情况			☆☆☆	
遵守职业岗位纪律情况			☆☆☆	
任务实施	小组讨论探究，阐述回答，展示团队及团队合作的有效性	自评	☆☆☆	
		他评	☆☆☆	
		师评	☆☆☆	
任务反馈情况			☆☆☆	

任务拓展

影响贵金属投资的因素有哪些？分析当前贵金属局势和未来走向。

知识链接

实物贵金属业务的办理

（1）客户必须实名进行实物贵金属的购买、兑换、定投、提取凭证开立、提取凭证提取和提取凭证回购等服务。办理业务时，个人客户须出示本人有效身份证件，公司机构客户经办人须提供本人有效身份证件和加盖单位公章的授权书。

（2）客户购买或兑换实物贵金属成功后，交易无法撤销，应在购买或兑换前审慎决定。

（3）个人客户可通过代理人办理相关业务，其中办理重量10克（不含）以上实物黄金提取、提取凭证回购、提取凭证的补打和挂失业务时，代理人需同时出示委托人有效身份证件和代理人有效身份证件。

（4）在办理实物贵金属购买、兑换、定投、提取凭证开立、提取凭证提取和提取凭证回购等实物贵金属全部相关业务时，客户应保证其所提供的资料真实、准确、完整、有效、合法，否则由此所带来的风险和责任由客户自行承担。银行应对客户相关资料保密，但在银行内部使用、法律法规及金融监管机构另有规定或甲乙双方另有约定时除外。

（5）客户购买、兑换、定投、提取凭证回购实物贵金属的金额超过银行有关大额交易规定的限额时，须按照银行相关规定办理手续。

（6）申请开立提取凭证成功后，银行将为客户出具提取凭证，客户应妥善保管提取凭证及预留密码、身份证明文件，对因上述提取凭证、密码、身份证明文件丢失、被盗用而造成的客户损失，银行不承担责任。对于约定提取方式的，客户应关注提取凭证右上角的提示信息，并按约定期限办理提取。若逾期未提取的，客户同意银行保留向客户按公示标准收取相关费用的权利。

（7）合理提取时，个人客户须提供购买、兑换、定投，或者申请开立提取凭证时提供的有效身份证件，公司机构客户经办人须提供本人有效身份证件和加盖单位公章的授权书。客户须同时提供提取凭证等材料，并正确输入预留密码。

项目五

信用卡业务

项目内容

任务一　认识信用卡
任务二　使用信用卡

项目目标

1. 认识信用卡的基本含义、发展历程和主要特点。
2. 认识五大信用卡发行公司，熟悉信用卡的分类。
3. 了解信用卡申请条件，学会开通和使用信用卡。
4. 熟悉信用卡还款方式、分期付款和使用方式。
5. 增强法律意识，做遵纪守法的公民。

任务一　认识信用卡

任务情景

小明对信用卡很陌生。虽然他听说过信用卡，但对信用卡的功能和使用方式都不是很了解。我们一起学习信用卡相关知识，帮助小明认识信用卡吧。

078　金融产品 与 客户服务

📋 任务布置

请向周围人普及信用卡的相关知识。

> **讨论探究**：你知道什么是信用卡吗？它的主要特点是什么？
> **课堂随笔**：_____
> _____
> _____

🏃 任务分析

信用卡在现今生活中应用广泛，那么你知道信用卡是由谁发行，谁可以使用吗？我们见到的信用卡功能都一样吗？下面就让我们一起走进信用卡的世界吧！

👩 任务实施

一、什么是信用卡

信用卡（Credit Card），又叫贷记卡，是一种非现金交易付款的工具，是简单的信贷服务。

信用卡一般是长 85.60 毫米、宽 53.98 毫米、厚 1 毫米，是具有消费信用的特制载体塑料卡片。信用卡是银行向个人和单位发行的，凭借信用卡可在特约单位购物、消费或在银行存取现金，其形式是一张（正面）印有发卡银行名称、有效期、号码、持卡人姓名等内容，（背面）带有有磁条、签名条。信用卡样卡如图 2-11 所示。

信用卡由银行或信用卡公司依照用户的资信情况与财力发给持卡人，持卡人持信用卡消费时无须支付现金，待账单日（Billing Date）时再进行还款。

图 2-11　信用卡样卡

2016 年 4 月 15 日，中国人民银行颁布《中国人民银行关于信用卡业务有关事项的通知》，取消了信用卡滞纳金，引入了违约金，并禁止收取超限费，并于 2017 年 1 月 1 日起正式施行。

信用卡的特点是不鼓励预存现金，先消费后还款，享有免息缴款期，可自主分期还款（有最低还款额），允许加入国际信用卡组织以便全球通用。

二、信用卡的发展

信用卡的发展过程见表 2-2。

表 2-2　信用卡的发展过程

时间	起源	发行机构	形式	目的	阶段
1915	美国	百货商店、饮食业、娱乐业和汽油公司	类似金属徽章的信用筹码	招徕顾客，推销商品，扩大营业额	信用卡的雏形
1950	麦克纳马拉与施奈德	"大来俱乐部"即大莱信用卡公司的前身	能够证明身份和支付能力的卡片	记账消费	商业信用卡
1952	美国加利福尼亚州	富兰克林国民银行	塑料卡片	刷卡消费	银行信用卡
1959	美国加利福尼亚州	美洲银行	塑料卡片	刷卡消费	美洲银行信用卡
1960—1979	英国、日本、加拿大及欧洲各国；新加坡、马来西亚等发展中国家和地区	各大银行	塑料卡片	刷卡消费	银行信用卡
2012.02	银行证实信用卡无密码更安全。无密码使用信用卡时，若被盗刷则持卡人与银行同担责任。享有25~56天（或20~50天）免息期，按时还款不收利息。取现无免息还款期，从取现当天起收取万分之五的日息，银行还会收取一定比例的取现手续费				
2016.04.15	中国人民银行颁布《中国人民银行关于信用卡业务有关事项的通知》，取消了信用卡滞纳金，引入了违约金，并禁止收取超限费，并于2017年1月1日起正式施行				

三、信用卡的特点

信用卡的特点如下。

（1）信用卡是发展最快的金融业务之一。

（2）信用卡同时具有支付和信贷两种功能。持卡人可使用信用卡购买商品或享受服务，还可通过使用信用卡从发卡机构获得一定的贷款。

（3）信用卡是集金融业务与计算机技术于一体的高科技产物。

（4）信用卡能够减少现金货币的使用。

（5）信用卡能够提供结算服务，方便持卡人购物消费，增强了持卡人的安全感。

（6）信用卡能够简化收款手续，节约社会劳动力。

（7）信用卡能够促进商品销售，刺激市场需求。

四、信用卡发行公司

国际上有维萨国际组织（VISA International）、万事达卡国际组织（MasterCard International）、美国运通国际股份有限公司（America Express）、大莱信用卡有限公司（Diners Club）、JCB日本国际信用卡公司（JCB）五大信用卡发行公司。此外，还有一些信用卡发行组织，如欧洲的EUROPAY、中国的银联等。几种常见的信用卡标识如图2-12所示。

图2-12　几种常见的信用卡标识

讨论探究：请指出以上几种信用卡标识分别对应哪几个发行公司。
课堂随笔：_____
_____
_____

五、信用卡种类

（一）按发卡机构不同，可分为银行卡和非银行卡

（1）银行卡。银行卡是银行所发行的信用卡，持卡人既可在发卡银行的特约商户购物消费，也可在发卡行所有的分支机构或设有自动柜员机的地方随时提取现金。

（2）非银行卡。非银行卡又可以具体地分为零售信用卡和旅游娱乐卡。零售信用卡是商业机构发行的信用卡，如百货公司、石油公司等，专用于在指定商店购物或在汽油站加油等，并可定期结账。旅游娱乐卡是服务业发行的信用卡，如航空公司、旅游公司等，用于购票、用餐、住宿、娱乐等。

（二）按发卡对象的不同，可分为公司卡和个人卡

（1）公司卡。公司卡的发行对象为各类工商企业、科研教育等事业单位、国家党政机关、部队、团体等法人组织。

（2）个人卡。个人卡的发行对象则为城乡居民个人，包括工人、干部、教师、科技工作者、个体经营户，以及其他成年的、有稳定收入来源的城乡居民。个人卡需以个人的名义申领并由其承担用卡的一切责任。

（三）根据持卡人的信誉、地位等资信情况的不同，可分为普通卡和金卡

（1）普通卡。普通卡是面向经济实力和信用一般的持卡人发行的，对其各种要求并不高。

（2）金卡。金卡是一种需缴纳高额会费、可享受特别待遇的高级信用卡。金卡的发卡对象为信用度较高、偿还能力较强的持卡人。金卡的授权限额起点较高，附加服务项目多，服务范围宽，因而对相关服务费用和担保金的要求也比较高。

（四）根据清偿方式的不同，信用卡可分为贷记卡和借记卡

（1）贷记卡。贷记卡是指发卡银行给予持卡人一定的信用额度，持卡人可在规定的信用额度内先消费后还款的信用卡。贷记卡是真正意义上的信用卡，具有信用消费、转账结算、存取现金等功能。目前，国际上流通使用的大部分信用卡都是这类卡。

（2）借记卡。借记卡是银行发行的一种先存款后消费的信用卡。持卡人在申领信用卡时，需要事先在发卡银行预存一定的款项以备使用，持卡人在用卡时需以存款余额为依据，一般不允许透支。

（五）根据信用卡流通范围的不同，可分为国际卡和地区卡

（1）国际卡。国际卡是一种可以在发行国之外使用的信用卡，可全球通用。境外五大信用卡发行公司（万事达卡国际组织、维萨国际组织、美国运通国际股份有限公司、JCB日本国际信用卡公司和大莱信用卡公司）分别发行的万事达卡（Master Card）、维萨卡（VISA Card）、运通卡（American Express Card）、JCB卡（JCB Card）和大莱卡（Diners Club Card）多数属于国际卡。

（2）地区卡。地区卡是一种只能在发行国国内或一定区域内使用的信用卡。我国商业银行所发行的各类信用卡大多数属于地区卡。

任务反馈

1. 国际五大信用卡发行公司的名称是什么？

_____

_____

_____

_____

2. 信用卡按清偿方式可以划分几种类型？

_____
_____
_____
_____

任务评价

任务评价表

工作任务 评价要点			熟悉信用卡的含义、 发展历程和主要特点	
			评价标准	评价得分
出勤情况			☆	
遵守职业岗位纪律情况			☆☆	
任务实施	小组讨论探究，阐述回答，展示团队及团队合作的有效性	自评	☆	
		他评	☆	
		师评	☆☆☆	
任务反馈情况			☆☆	
任务得分			☆☆☆☆☆ ☆☆☆☆☆	

任务拓展

我国目前发行的信用卡的功能和作用是什么？

_____
_____
_____
_____

知识链接

信用卡新规

2016年4月15日，中国人民银行颁布《中国人民银行关于信用卡业务有关事项的通知》（以下简称《通知》），取消了信用卡滞纳金，引入了违约金，并禁止收取超限费。同时，还对信用卡透支利率、免息还款期和最低还款额等进行了相应调整。信用卡提现金额，也从每卡每日 2 000 元人民币提高至 10 000 元人民币。该《通知》自 2017 年 1 月 1 日起正式施行。

1. 取消滞纳金引入违约金

《通知》取消了信用卡滞纳金，对于持卡人违约逾期未还款的行为，发卡机构应与持卡人通过协议约定是否收取违约金，以及收取方式和标准。发卡机构向持卡人提供超过授信额度用卡服务的，不得收取超限费。发卡机构对向持卡人收取的违约金、年费、取现手续费、货币兑换费等服务费用不得计收利息。

2. 可自主确定信用卡透支利率

《通知》对信用卡透支利率实行上限和下限管理，透支利率上限为日利率万分之五，透支利率下限为日利率万分之五的 0.7 倍。信用卡透支的计结息方式，以及对信用卡溢缴款是否计付利息及其利率标准，由发卡机构自主确定。

3. 自主确定免息还款期和最低还款额

《通知》取消了关于透支消费免息还款期最长期限、最低还款额标准及附加条件的现行规定，由发卡机构基于商业原则和持卡人需求自主确定。

4. 提现金额由 2 000 元人民币提高至 10 000 元人民币

《通知》优化了信用卡预借现金业务管理机制，清晰地界定了现金提取、现金转账和现金充值等预借现金业务类型。持卡人通过 ATM 办理预借现金提取业务的每卡每日累计限额由 2 000 元人民币提高至 10 000 元人民币。

任务二　使用信用卡

任务情景

小明说："谢谢大家帮助我了解了信用卡的基本知识，我还想知道，如果我想申请信用卡行不行？我听说有人能申请，有人还不能申请，这是什么为什么？还有就是，申请了信用卡怎么使用……"

任务布置

请协助小明看看如何才能申请一张信用卡，以及如何正确使用信用卡。

讨论探究：你身边有家人和朋友在使用信用卡吗？你知道信用卡如何申请和如何正确使用吗？

课堂随笔：_____
_____
_____

任务分析

并不是每个人都可以申请信用卡的，每张信用卡的申请和使用都要符合一定的条件，下面就让我们一起看看，具备什么样的条件才能信用卡，以及在使用信用卡的过程中应注意哪些问题。

任务实施

一、申请信用卡

（一）申请条件及申请方式

1. 申请条件

在大多数情况下，任何年满18周岁、有一定直接经济来源的公民都可以向发卡银行申请信用卡。申请信用卡的对象可以分为单位和个人。

（1）单位申请信用卡：应为在我国境内具有独立法人资格的机构、企事业务单位、三资企业和个体工商户。每个单位申请信用卡时都可根据需要领取一张主卡和多张（5～10张）附属卡。

（2）个人申请信用卡：必须具有固定的职业和稳定的收入来源，并向银行提供担保。担保的形式包括个人担保、单位担保和个人资金担保。

2. 申请方式

通常，申请信用卡时需填写《信用卡申请表》。《信用卡申请表》的内容包括申领人的名称、基本情况、经济状况或收入来源、担保人及其基本情况等，同时应向发卡银行提交相应的证件复印件与证明等资料。申请人按照《信用卡申请表》的要求如实填写后，在递交填写完毕《信用卡申请表》的同时还要提交相关资信证明。《信用卡申请表》附带使用信用卡的合同，以及提交信息真实性的声明，发卡行的隐私保护政策等，并要求申请人的亲笔签名。申请人授权发卡行或相关部门调查其相关信息。《信用卡申请表》样例如图2-13所示。

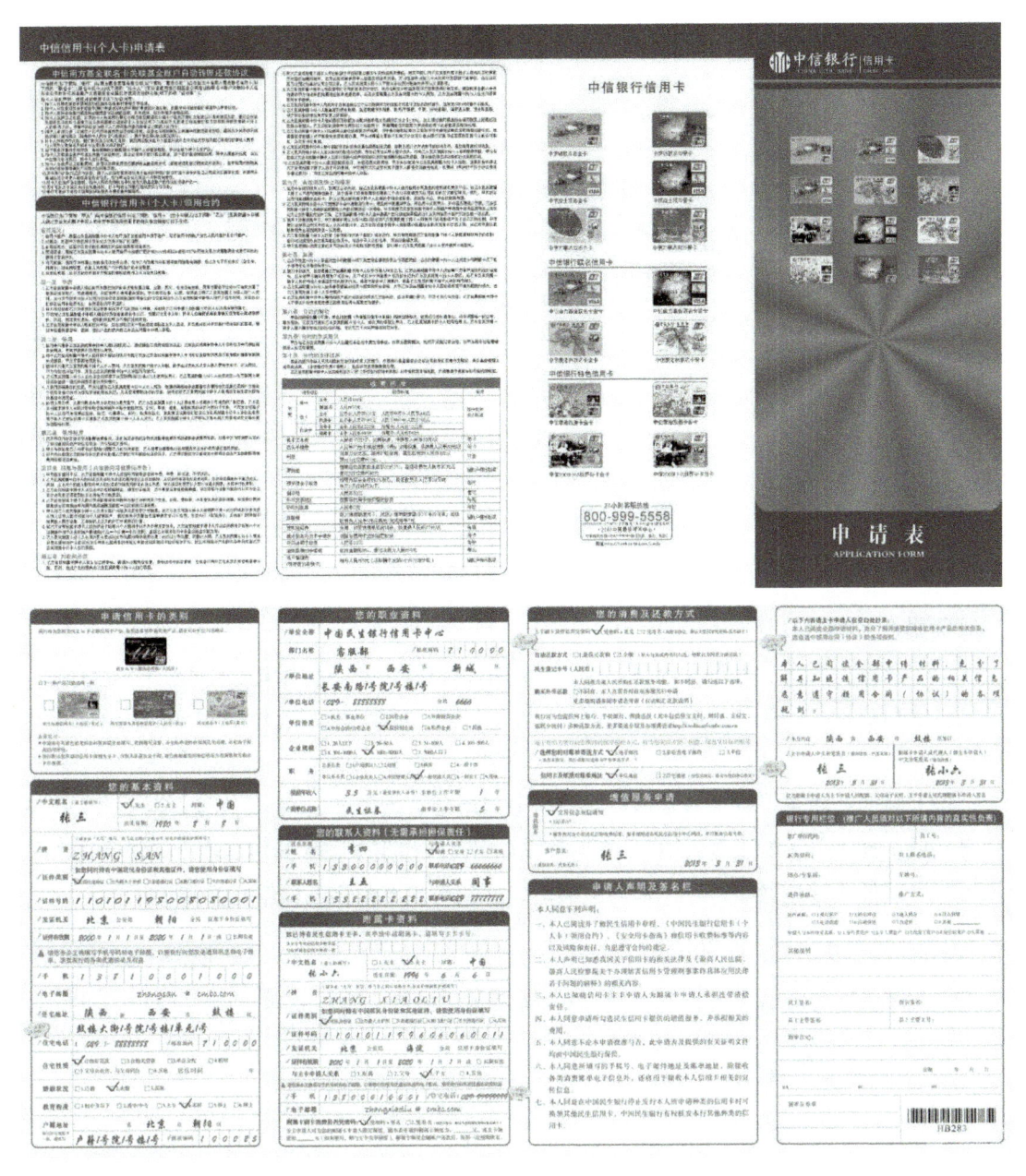

图 2-13 《信用卡申请表》样例

(二) 审查

发卡银行收到申请人交来的《信用卡申请表》及相关材料后,对申请人的信息进行审查,审查的内容主要包括《信用卡申请表》的内容是否属实,申请人的单位的资信程度,以及申请人的担保人的相关情况。

(三) 发卡

申请人申请信用卡成功后,发卡银行将为该申请人

在发卡银行开立单独的信用卡账户，用于其购物、消费和取现后进行结算。

（四）开卡

由于信用卡申请通过后是通过邮寄等方式将信用片寄送给申请人的，所以并不能保证收件人就是申请人。为了使申请人和银行免受盗刷损失，信用卡在正式启用前设置了开卡程序。开卡主要通过电话或网络等方式，在开卡时需核对申请人在申请时提供的个人信息，信息符合后即完成开卡程序。此时，申请人变为卡片持有人，在卡片背面签名后才可正式开始使用。信用卡开卡后一般需要同时为信用卡设立密码。信用卡特约商户或银行受理信用卡后，要审查信用卡的有效性和持卡人的身份。

（五）辨识

信用卡卡面上应有如下信息。

（1）正面：发卡行名称及标识、信用卡组织标识及全息防伪标记、卡号、英文或拼音姓名、启用日期（一般计算到月）、有效日期（一般计算到月）。近几年发行的信用卡正面附有芯片，信用卡芯片账户与信用卡磁条账户多为相对独立的两个账户。

（2）背面：磁条、持卡人签名栏（信用卡启用后必须签名）、服务热线电话、卡号末4位号码或全部卡号（防止被冒用）、信用卡安全码（在信用卡背面的签名栏上，紧跟在卡号末4位号码的后3位数字，用于信用卡激活、密码管理、电话及网络交易等操作）。

（六）使用

信用卡通常仅限持卡人本人使用，将信用卡外借给他人使用是违反信用卡使用规定的。

二、信用卡还款

（一）银行内还款

银行内还款的方式包括发卡行柜台还款、ATM还款、网上银行还款、自动转账还款、电话银行还款等。还款后，信用卡额度即时恢复，款项一般在当天即可入账。

（二）手机还款

手机可以作为一种移动金融系统个人支付终端，既可以用来直接刷卡还款，也可以用于进行转账等业务。

（三）第三方还款

我国国内比较常见的第三方支付还款方式包括微信、银联在线、快钱、盛付通、支付宝、财付通等。不同平台和银行的收费标准和款项具体到账时间均有所不同。

（四）便利店还款

便利店还款方式主要是通过便利店中的"拉卡拉"智能支付终端完成还款，一般需 2～3 个工作日到账，利用这种方式还款可以免收取手续费。

（五）"柜面通"还款

"柜面通"还款指"柜面通"业务，即各联网金融机构发行的银行卡，通过在中国银联交换中心主机系统注册的他行银行网点柜面，进行人民币活期存取款交易。

（六）"信付通"还款

"信付通"还款主要利用"信付通"智能刷卡电话进行还款业务。"信付通"智能刷卡电话是中国银联自主研发，通过银行卡检测中心认证，并由中国银联跨行信息交换网络提供金融服务支持的创新电子产品。

（七）"还款通"还款

利用"还款通"进行还款时，收费金额一般按照当地人民银行规定的同城跨行转账与异地跨行汇划收费标准进行计算。

（八）其他方式

除上面提到的几种方式外，发卡行为了便于持卡人还款，还开通了各具特色的还款方式。

我国国内常见的几种信用卡还款方式及相关评价如图 2-14 所示（按费用高低排列）。

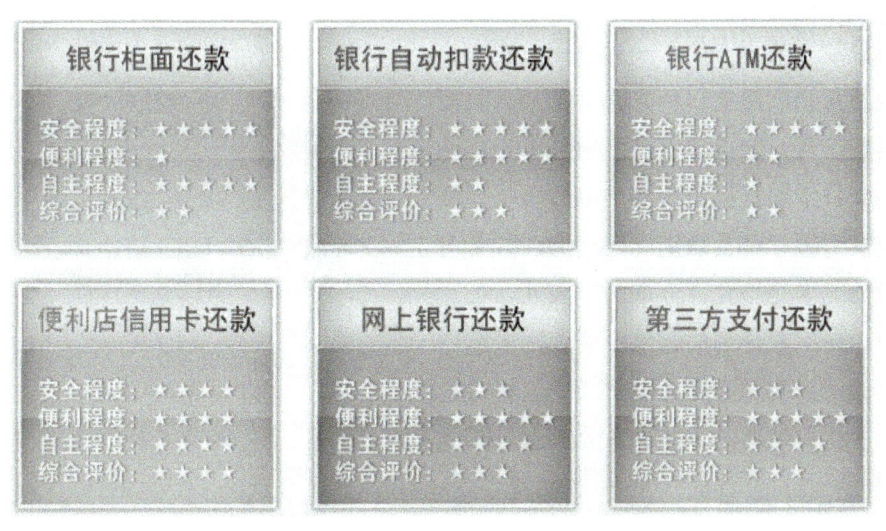

图 2-14　信用卡还款方式及相关评价

三、信用卡分期

信用卡分期付款就是指持卡人使用信用卡进行大额消费时，由发卡银行向商户一次性支付持卡人所购商品（或服务）的消费资金，并根据持卡人申请，在持卡人信用卡账户分期扣收消费资金,持卡人按照每月入账金额进行偿还的业务。一般分为以下几种。

（一）商场分期

商场分期又称 POS 分期，是指持卡人到购物场所，如可以进行分期的商场进行购物，在结账时，持该商场支持分期的信用卡结账，并向收款人说明需分期付款，收款人按照持卡人要求的期数（如 3 期、6 期、12 期等，少数购物场所支持 24 期），在专门的 POS 机上刷卡结账。

（二）邮购分期

邮购分期是指持卡人收到发卡银行寄送的分期邮购目录手册（或者银行的网上分期商城），从限定的商品中进行选择，然后通过网上分期商城订购、打电话或传真邮购分期申请表等方式向发卡银行进行分期邮购。通常，无论邮购分期的期数多少均不收手续费。但由于订购周期较长（很多情况会超过 15 个工作日才能拿到商品）且退换货相对烦琐，所以建议持卡人在购买前谨慎比较。

（三）账单分期

账单分期是最为方便的一种分期方式，也是目前使用最为广泛的一种方式。持卡人只要在刷卡消费后每月账单派出前，通过电话或网络等方式向发卡银行提出分期申请即可。但要注意，各发卡银行都会规定一些特例，如带有投机性质的刷卡是不允许分期的。因此，在进行分期前，一定要仔细阅读信用卡使用手册。账单分期的缺点就是不能免除手续费，所分的期数越长手续费越高，而且手续费全部由持卡人自己承担。

四、信用卡使用

信用卡一般都会有一个免息期，免息期最长期限可达 50～56 天。只要持卡人在免息期结束之前，将信用卡上透支的金额还上，就不会产生额外费用。所有信用卡都具有购物消费、转账结算、储蓄、小额信贷、信用卡取现、汇兑结算、分期付款等基本功能。

（一）购物消费功能

信用卡的持卡人在其购物消费过程中可以短期透支。从实质上讲，这是发卡银行向持卡人提供的消费信贷。因此，信用卡具有消费信贷功能。

（二）转账结算功能

信用卡的持卡人在指定的商场、饭店消费后，无须用现金支付款项，而只需要以信用卡进行转账结算即可。这是信用卡最主要的功能，因此可减少社会的资金货币使用量，并节约劳动成本。

（三）储蓄功能

信用卡的持卡人可以在相当广泛的范围内办理存款手续。使用信用卡办理存款与取款的手续比使用储蓄存折更方便，且不受存款地点和存款储蓄所的限制，极大地方便了信用卡持卡人的储蓄活动。同时，利用信用卡支取现金时，银行要审查持卡人身份信息，并核对持卡人签字，这将有助于银行维护持卡人的资金安全。

（四）小额信贷功能

小额信贷是信用贷款，不需要抵押。因为小额信贷是信用贷款，所以其额度一定要小到可以控制风险的程度。通常，农村的小额信贷的额度不高于 5 000 元人民币，城市的小额信贷的额度不高于 20 000 元人民币。目前，中小企业主要还是向银行贷款，但因经营风险大，发展前景不明朗，贷款难度大，而信用卡的小额信贷功能解决了中小企业的燃眉之急。

（五）信用卡取现功能

随着信用卡的逐渐普及，各家发卡银行推出了"信用卡取现"服务，只要金额不是特别巨大，持卡人在柜台或自动取款机就能提取现金，非常方便。

（六）汇兑结算功能

当信用卡持卡人外出旅游或出差，需要在外地收回款项时，持卡人可以持卡在异地联行网络机构办理存款手续，由银行将款项汇回持卡人本地账户。持卡人用款时可持卡在各地银行办理取款手续，也可将款项凭卡转到异地，然后凭卡支付，办理转账结算。

（七）分期付款功能

信用卡分期付款是指持卡人使用信用卡进行大额消费时，由发卡银行向商户一次性支付消费资金，并根据持卡人申请，将消费资金在持卡人信用卡账户中分期扣收，持卡人按照每月入账金额进行偿还的业务。

一定要保护好信用卡，信用卡一旦丢失，就很可能被恶意盗刷。另外，信用卡年费交付日期和还款日期一定要牢记。

五、信用额度

信用额度是指银行在批准申请人申请信用卡时给予的申请人使用信用卡的最高透支的限额，申请人领取信用卡后只能在这个额度内刷卡消费，超过了这个额度就无法刷卡消费。信用额度是银行依据申请人申请信用卡时所填写的资料和所提供的相关证明文件综合评定的，主卡、附属卡共享同一额度。一般情况下，双币信用卡的额度中人民币额度和美元额度是可以互相换算的。例如，持卡人的信用额度是 30 000 元人民币，按当日美元和人民币的汇率为 1∶6.87 折算，则美元的信用额度约为 4 366.812 美元。

信用额度由发卡银行定期进行调整，但持卡人可以主动提供相关的财力证明向发卡银行要求调整信用额度。

任务反馈

1. 如果你有一张信用额度为 50 000 元人民币的信用卡，你打算如果使用它呢？

2. 下面几张图片分别是哪几种分期方式？

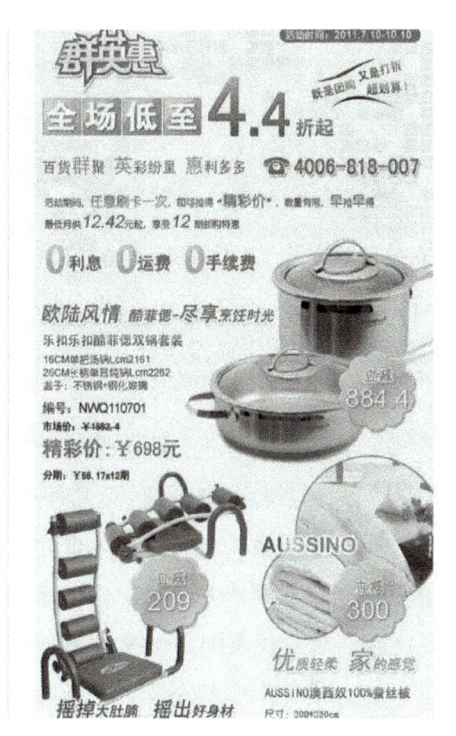

3. 试填写一份《信用卡申请表》，思考在申请办理信用卡时应关注哪些问题。

_____

_____

_____

任务评价

结合任务评价表，对完成任务情况做出评价。

任务评价表

工作任务			了解信用卡申请手续，熟悉还款方式、分期类型	
评价要点			评价标准	评价得分
出勤情况			☆	
遵守职业岗位纪律情况			☆☆	
任务实施	小组讨论探究，阐述回答，展示团队及团队合作的有效性	自评	☆	
		他评	☆	
		师评	☆☆☆	
任务反馈情况			☆☆	
任务得分			☆☆☆☆☆ ☆☆☆☆☆	

任务拓展

案例分析——透支10 000元人民币以上被催讨不还款，将构成"信用卡诈骗罪"

2006年4月，小李申请了一张信用卡，原信用额度为5 000元人民币，后来提升到11 000元人民币，小李零零散散买了几次东西，就透支了11 000元人民币。2008年5月份，小李又在另外一家银行申请了一张信用卡，这次额度更大，不到半年时间又透支了3万余元人民币。

小李说，每次信用卡透支没有还款，银行第二个月就会打电话催款，而且每个月都会给他邮寄账单。后来，小李换了电话号码，出外打工，银行联系不上小李，小李和家人联系时，家人好几次向其转告银行催款的事情，但是小李一拖再拖，家人也曾经帮忙还款，但是两张信用卡的本金并未还清，利息追加起来越来越多，小李就干脆不再理会银行的催款。

2010年6月份，银行以小李涉嫌信用卡诈骗报警，警方随即展开网上追讨。同年8月22日，小李到外地一家酒店住宿，拿出身份证登记信息时自动报警信息很快就锁定了小李，小李当场就被警察带走。小李到案后才知道事情的严重性，家人也赶紧凑了钱将透支的款项还上。但是此时为时已晚，小李的行为被认定为"恶意透支"的"信用卡诈骗罪"，已经触犯了刑律。

请查询相关资料，了解什么是"恶意透支"的"信用卡诈骗罪"？

_____
_____
_____
_____

案例分析——帮助他人信用卡套现，被告人李某"非法经营"获刑六个月

2018年4月，湖南省岳阳市云溪区人民法院审理一起非法经营案，被告人李某违反国家规定，使用POS机为他人刷信用卡套现进行非法经营，情节严重，其行为已构成"非法经营罪"，被判处有期徒刑六个月，缓刑一年，并处罚金两万元人民币；违法所得七千二百元人民币予以追缴，上缴国库。

请查询相关资料，了解何为"非法套现"。

_____
_____
_____

知识链接

理财攻略

1. 控制信用卡数量，适可而止

信用卡数量不宜过多，否则容易记错还款日期，影响信用额度，并容易造成逾期还款，留下不良记录。因此，建议拥有1～2张信用卡就足够了。

2. 保留刷卡凭证

大多数持卡人不在意单据，经常随手丢弃刷卡凭证，这是十分不好的习惯。保留刷卡凭证不仅便于持卡人每个月总结消费记录，优化消费习惯，更有助于提高刷卡消费的合理性和透明度。很多持卡人不为信用卡设置密码，因此随意丢弃刷卡凭证可能导致信用卡被盗。

3. 减少提现

信用卡具有透支和提现功能，但是提现时需要支付一定比例的手续费，并且即使信用卡中有存款但是用信用卡提现也要收费。因此，用信用卡提现是不划算的。

4. 选对信用卡

信用卡的选择非常重要，如今很多商业机构都和银行有捆绑合作业务。例如，可以办一张商场和银行的联名信用卡，就能作为该商场的会员在该商场消费并积分，还可获得折扣。又如，有些信用卡可以在指定商户消费时打折，包括用餐、电影、拖车服务等，名目五花八门，持卡人可以根据自己的需求自由选择。因此，信用卡既要善用，也要善选。

5. 在刷卡消费最高限额内，尽可能刷卡

每张信用卡都有额度，在这个最高限额内刷卡都是安全的。因此，在这个可控的额度内，应尽可能多地刷卡。因为，持卡人使用信用卡买东西时相当于银行为其先付款，持卡人仅需将款项在还款日前还给银行就可以。持卡人刷卡消费一方面使消费便捷，另一方面持卡人还能累积信用，银行也能够根据持卡人刷卡额向商家收取手续费，可谓双赢。

6. 到还款日再还款

利用最后还款日多赚些利息，毕竟钱放在自己的账户里，产生的利息也是自己的，所以要充分利用钱在自己手中的机会让它"生"出更多的钱。此外，如果还款日当天，因为一些特殊原因无法还款，那么打电话给发卡银行的信用卡客服热线，说明一下情况，要求延迟还款1至2天，通常这种情况都会被发卡银行允许。

单元三
金融产品服务

单元学习目标

1. 了解客户需求,对客户类别进行分类判断。
2. 了解推销类型,能够面对各类客户熟练运用恰当方式进行金融产品推介。
3. 掌握商务礼仪,对客户进行专业的后期维护。
4. 掌握金融产品服务规范及注意事项。

项目一

金融产品服务基本流程

项目内容

任务一　了解客户需求与金融产品推介
任务二　金融产品办理
任务三　送别客户和后期维护

项目目标

1．了解客户的主要信息和需求，并进行分析和分类。
2．运用恰当的方式对客户进行金融产品推介。
3．正确协助客户购买金融产品。
4．正确送别客户，了解客户关系维护的基本方法。

任务一　了解客户需求与金融产品推介

任务情景

客户刘女士手头有一些闲置资金，她决定到银行办理定期存款业务。客户经理为客户引导时，向刘女士介绍了相关金融产品，刘女士最终购买了一部分金融产品。客户经理是如何成功推介金融产品的呢？我们一起来看看吧。

任务布置

从理财角度对客户进行了解，区分客户类型，并根据客户类型进行产品推介。

讨论探究：你认为应该从哪些方面对客户进行了解？
课堂随笔：_____
_____
_____

任务分析

由于目前金融市场产品逐渐增多，如何为客户提供更专业更完善的服务就显得尤为重要。首先我们要了解客户，其次应了解他们的理财需求，并根据客户的特点分析和给出相关的专业建议。在这个过程中，对客户进行分类可以快速地对客户有一个基本了解，再通过具体情况给出咨询建议，最后在适合的时机给出推荐意见，这也是我们争取客户的重要一环。

任务实施

一、了解客户的主要信息

了解客户的主要信息是指全面收集、整理、分析与客户相关的信息。

根据理财规划的需求，一般把客户信息分为基本信息、财务信息、个人兴趣及人生规划和目标三种信息。

（一）基本信息

详细、准确的基本信息是深入了解客户，建立长期良好的客户关系，进一步了解、分析客户的家庭财务状况、需求，以及提供有针对性的投资理财建议的基础和保证。

（二）财务信息

财务信息是客户经理制定客户个人财务规划的基础和根据。根据客户的个人财务信息，客户经理可以确定客户的理财目标和期望是否合理，以及实现客户各项理财目标、人生规划的可能性和需要采取的相关措施。因此，财务信息是否完整可以影响最终的理财方案是否正确，以及工具的选择是否准确。

（三）个人兴趣及人生规划和目标

掌握客户的个人兴趣及人生规划和目标可以帮助客户经理进一步了解客户需求，对个人理财规划方案的制定有直接的影响。

二、客户理财需求分析

客户的理财需求是直接与客户理财规划相关的客户信息，是客户的家庭财务需求（理财目标）。客户经理要了解以下几项内容。

第一，客户的理财需求是赚钱。

第二，客户的理财需求是有层次的。

第三，客户的理财需求可以相应分为经济需求（具体的理财需求）和人生价值需求（精神追求）。客户经理要善于区分客户的经济需求与人生价值（精神）需求的关系。

（1）客户的经济需求可以用金钱来衡量和实现，客户经理要帮助客户明确其经济需求，并协助他们科学规划以实现其经济需求。

（2）人生价值需求是客户实现人生价值或精神追求的基础，但是后者无法完全用金钱来衡量。

在理财规划中，一般把客户的经济需求概括为现金与债务管理；家庭财务保障；子女教育与养老投资规划；投资规划；税务规划；遗嘱遗产规划。

第四，不同客户，在经济需求方面的侧重点不一样。

第五，客户的人生价值需求往往是潜在的，或者不明确的，这需要客户经理在与客户的沟通中，询问、启发和引导才能逐步了解、清晰和明确。

讨论探究：你认为自己的家庭属于哪类经济状况，是否有理财需求？

课堂随笔：_____

_____

_____

三、客户的分类

（一）按财富观分类客户

可按照客户的财富观将客户分为储藏者、积累者、修道士、挥霍者和逃避者。这种对客户的分类方法能够让客户经理与客户沟通时比较容易把握客户在财务决策时的心理，从而为客户推荐其适合的产品和服务。

（二）按风险态度分类客户

可按风险态度将客户分为风险厌恶型、风险偏好型及风险中立型。

（三）按消费行为分类客户

许多企业主要按照客户的消费行为的三个方面收集数据并进行分析，包括购买情况、购买频率和购买金额。客户经理也可按照客户的消费行为对客户进行分类。

四、了解客户的方法及推介时机

（一）开户资料

客户经理与客户的首次接触通常是客户开户的时候，这是了解客户、搜集信息的最好时机。这时不应急于完成开户工作和理财产品的推荐，而应该把重点放在了解客户及与其关系的建立上。

（二）调查问卷

为了更深入全面地了解客户，客户经理可以邀请客户参与或填写有针对性的调查问卷，从而可以获得客户对投资风险的认知度，以及其过往投资情况、资产现状和对未来的预期。

调查问卷是一种比较常见的有效收集客户信息和观点的方法，其优势是简便易行，可有的放矢、有针对性地采集信息，容易量化，客户接受度高。使用调查问卷的难点一个是调查问卷问题设计需要精确和科学，否则容易误导客户；另一个是客户有时不愿意填写或不认真填写。

（三）面谈沟通

面对面沟通是深入了解客户并建立长期良好关系的最好契机。在面对面接触中，客户经理的仪表、肢体和沟通言辞等对了解、收集客户信息及最终的沟通效果至关重要。为了做好面谈沟通，应做好以下几点。

（1）见客户前要有准备。

（2）面谈中的言谈举止应符合商务和服务礼仪标准。

（3）应掌握关键的沟通技巧，并能够在接触中熟练自然地加以运用。

（4）要做好后续跟踪工作。

（四）电话沟通

电话沟通的优点是工作效率高、营销成本低、计划性强、方便易行。

在接触客户、提供专业的咨询服务和开展相关产品的营销和服务业务过程中，需注意以下几点原则。

（1）树立以客户为中心的思想，真正认识了解客户并与其建立长期互信友好关系的重要性。

（2）熟练掌握和应用与客户沟通及提供服务的技巧。

（3）必须牢记了解客户及其需求不是一朝一夕的事情，切不可急功近利，这是一项长期工作。

任务反馈

1. 上网查找猫头鹰型、鸽子型、孔雀型及老鹰型客户的特点。

_____

_____

2. 给客户推介金融产品时需要注意哪些问题？

_____

_____

_____

任务评价

结合任务评价表，对完成任务情况做出评价。

任务评价表

工作任务 评价要点			了解客户分类，掌握了解客户的方法，掌握推介金融产品的注意事项	
			评价标准	评价得分
出勤情况			☆☆☆	
遵守职业岗位纪律情况			☆☆☆	
任务实施	小组讨论探究，阐述回答，展示团队及团队合作的有效性	自评	☆☆☆	
		他评	☆☆☆	
		师评	☆☆☆	
任务反馈情况			☆☆☆	

任务拓展

在考虑客户类型并为其选择和推荐产品时，为了更好地了解客户的信息和需求，我们应从哪些方面对客户类型进行分析？

_____

_____

_____

知识链接

生命周期理论和个人理财规划见表3-1。

表3-1 生命周期理论和个人理财规划

期　　间	探　索　期	建　立　期	稳　定　期	维　持　期	高　原　期	退　休　期
对应年龄	15～24岁	25～34岁	35～44岁	45～54岁	55～60岁	60岁以后
家庭形态	以父母家庭为生活重心	择偶结婚、有学前子女	子女上小学、中学	子女进入高等教育阶段	子女独立	以夫妻二人生活为主
理财活动	求学深造、提高收入	银行贷款、购房	偿还房贷、筹教育金	收入增加、筹退休金	负担减轻、准备退休	享受生活、规划、遗产
投资工具	活期、定期存款、基金定投	活期存款、股票、基金定投	自用房产投资、股票、基金	多元投资组合	降低投资组合风险	固定收益投资为主
保险计划	意外险、寿险	寿险、储蓄险	养老险、定期寿险	养老险、投资型保险	长期看护险、退休年金	领退休年金至终老

任务二　金融产品办理

任务情景

通过对刘女士的资产状况进行了解，客户经理为刘女士推荐了适合刘女士的金融产品，刘女士与家人商议后决定购买其中的几款产品。刘女士想要继续了解如何购买金融产品，以及购买金融产品时需要注意的问题，于是她又来到了银行找到客户经理寻求帮助。

任务布置

为客户提供金融产品的注意事项。

讨论探究：你了解的金融产品有哪些？这些金融产品可以通过哪些渠道进行购买？

课堂随笔：_____

_____

_____

任务分析

对于有意向购买金融产品的客户，客户经理应该为其提供完善的服务和帮助，除应准确了解金融产品的特点以外，于对不能熟练使用电子产品的中老年客户，客户经理还应在业务操作上给予更多的帮助。

任务实施

随着金融市场竞争的不断激烈，各大商业银行发售金融产品的频率越来越紧密。一时间，人民币理财产品和外币理财产品种类繁多，包括保本保息的、保本不保息的、不保本不保息的、挂钩汇率的、挂钩利率的、挂钩黄金的、挂钩股票的、挂钩石油的、挂钩水资源的，可谓是"琳琅满目"。然而，对于普通客户来说，要在这些"五花八门"的金融产品中选择真正合适自己的产品并顺利购买真不是件容易事。

一、了解金融产品内容

尽管金融产品的类型越来越多，但是各大银行对金融产品的分类大同小异，基本可以归纳为理财、基金、贵金属、外汇、债券、保险及期货等金融产品。如何购买这些金融产品已经成为现在客户群体面临的主要问题。

二、使用网上银行购买金融产品

以工商银行的金融产品为例，讲解使用网上银行购买金融产品的步骤。

首先到工商银行网点开通金融产品服务网上购买权限，并且进行风险评估。无论利用何种渠道购买金融产品都需要首先进行风险评估。使用网上银行购买金融产品的步骤如下。

（1）打开工商银行的官方网页。
（2）登录个人账户，输入卡号和密码。
（3）选择投资金融产品，自动弹出网上银行投资金融产品子菜单，如图 3-1 所示。
（4）选择相应的产品项，单击进入产品列表，如图 3-2 所示。
（5）在搜索栏输入需要购买的产品名称，点击购买。
（6）输入需要购买的金融产品的数量进行购买，如果为交易期则显示购买成功；如果为非交易期则可以进行预约。

图 3-1 网上银行投资金融产品子菜单

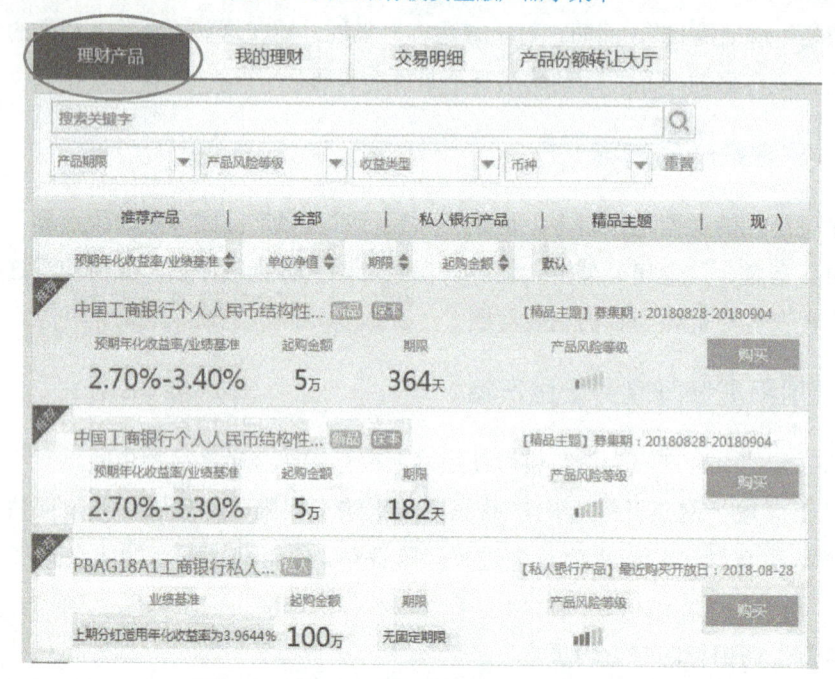

图 3-2 网上银行投资金融产品的产品列表

三、使用手机银行购买债券产品

以工商银行理财产品为例，介绍使用手机银行购买债券产品的步骤。

（1）打开工商银行的手机银行软件，登录账户，手机银行登录界面如图 3-3 所示。

（2）选择"投资理财"进入投资理财列表，如图 3-4 所示。

（3）选择"债券"选项，如图 3-5 所示。

（4）进入债券产品列表，通过筛选选项，选择适合的产品，如图 3-6 和图 3-7 所示。

图 3-3 手机银行登录界面

图 3-4 投资理财列表

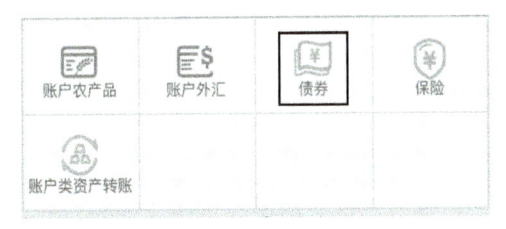

图 3-5 选择"债券"选项

图 3-6 债券产品列表

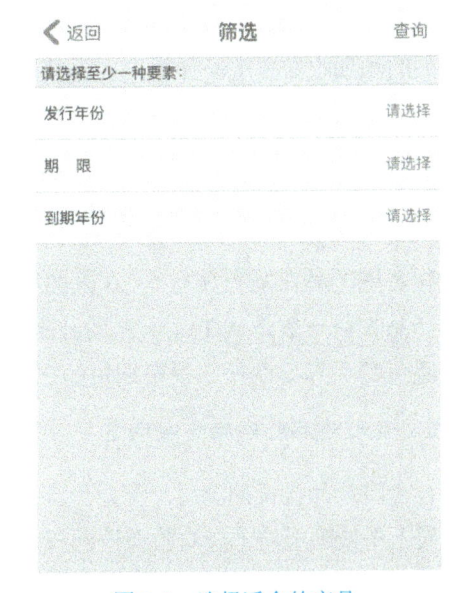

图 3-7 选择适合的产品

> 讨论探究：你的家庭购买过金融产品吗？选择的是哪家银行的金融产品呢？请复述购买金融产品的流程，并与家人试着操作购买金融产品的流程，同时将购买过程记录下来。
>
> 课堂随笔：_____
> _____
> _____

四、购买银行金融产品的注意事项

（一）银行金融产品的安全问题

任何投资都不能保证百分百的安全，只要是投资就必定伴有风险，收益越高风险也就越大。而银行金融产品风险较低，由银行风控团队审核的金融项目在把关上更加严格，不过也难以保证不会出现问题，而是出现问题的概率相对而言很低。我国规定，超过50万元人民币的存款不被保障，银行也有可能倒闭。投资人在购买银行金融产品时，看到非保本浮动收益型的金融产品往往会担心其风险太大而出现问题。实际上，投资人不必过于担心，因为在银行金融市场达到预期最高收益率的概率能够达到99%以上。例如，部分结构性产品及风险等级为R3级或以上的产品的收益不确定性较大，风险等级为R2的非保本类产品则可以放心购买。

（二）购买银行金融产品的手续费

购买银行金融产品的手续费包括申购费、销售费、管理费、托管费等。通常，银行不收取申购费，但收取其他费用，通常每种费用不超过投资金额的0.3%，总费用不超过0.6%。但是，一般银行在测算金融产品收益率时已经把这部分算进去了，也就是说，银行测算金融资金的收益率时，扣除各种手续费，剩下那部分就是大家所熟知的"预期收益率"。因此，按照产品的预期收益率就能计算出实际获取的收益，而不必考虑手续费的问题。

例如，投资者购买100 000万元人民币一年期金融产品，预期收益率是4.5%，手续费率是0.5%，产品到期后投资者获得的收益是100 000×4.5%＝4 500（元）。

（三）银行金融产品在筹集期期间收益计算问题

银行金融产品在发布后有5～6天的筹集期，遇到节假日时间可延长到10天以上，这段时间产品收益一般是从T+1天开始计算，按照银行活期存款利率0.3%计算收益。因此，应尽量避免购买筹集期长、投资期短的产品，这样可以避免"资金站岗"的问题。

（四）金融产品到期后回款问题

银行金融产品投资期满后，资金会自动返回投资人的银行卡活期账户，多数银行会在到期日当天下午或晚上将本金与收益返回投资人账户，少数银行会在第二天返回。

（五）银行金融产品的资金流向

银行将募集到的投资人的资金用于投资。通常，银行的投资渠道包括存款等高流动性资产、债权类资产等，但是银行不会向投资人说明每部分的具体投资比例，投资人无法得知资金的具体配置情况。但是，银行会将大部分的资金投向各类债券，所以其风险相对可控。

任务反馈

1．介绍银行金融产品种类，以及购买金融产品的基本条件。
_____
_____
_____

2．客户购买金融产品时应注意哪些问题？
_____
_____
_____

任务评价

结合任务评价表，对完成任务情况做出评价。

任务评价表

工作任务 评价要点			了解金融产品种类，能够帮助客户购买金融产品，并给出相关提示	
			评价标准	评价得分
出勤情况			☆☆☆	
遵守职业岗位纪律情况			☆☆☆	
任务实施	小组讨论探究，阐述回答，展示团队及团队合作的有效性	自评	☆☆☆	
		他评	☆☆☆	
		师评	☆☆☆	
任务反馈情况			☆☆☆	

任务拓展

非银行类的金融产品有哪些？你了解哪些非银行类的金融产品，为大家介绍一下吧。
_____
_____
_____

> 知识链接

购买金融产品的注意事项如下。

（1）预期年化收益率并不是实际收益率。另外，高收益伴随着高风险，并不是收益越高越好。

（2）起投金额。银行金融产品的起投资金额一般为 5 万元人民币。起投金额高的金融产品的收益率和附加值要高于起投金额低的金融产品。因此，在资金允许的情况下，尽量投资那些起投金额高的金融产品。

（3）投资期限。通常，投资期限长的金融产品的收益比投资期限短的金融产品的收益高。同时，要查看预期的利率走势，如果预计银行存款利率会调升，则建议投资短期金融产品；相反，如果银行存款利率会调低或长时间保持不变，则建议投资长期金融产品。

（4）金融产品的流动性。查看金融产品是否可以提前终止，提前终止时有什么附加条件。

（5）了解额外成本支出，如管理费，提前终止费等，这些都要了解清楚，因为这些费用会摊薄实际到手的收益。

（6）金融产品增值服务。有些银行为了抢占客户，会推出一些增值服务，或者提供特殊待遇。若这类金融产品收益比较好，则可以优先考虑。

任务三　送别客户与后期维护

> 任务情景

刘女士顺利购买了心仪的金融产品，她十分感谢客户经理的帮助。这时，客户经理邀请刘女士留下简单的联系信息，并表示如有适合的金融产品他将在第一时间通知刘女士，随后他将刘女士送至营业厅门口。

> 任务布置

正确使用欢送客户的话术对客户进行送别服务。

讨论探究：你知道送别客户时都需要做些什么吗？
课堂随笔：_____
_____
_____

任务分析

由于目前市场上的金融产品销售渠道非常多，操作也越来越简单。对于银行来讲，服务质量是增加客户信任度和客户黏度的重要环节。我们要运用学到的服务方法为客户提供优质、满意的服务，增加客户对银行的认可。同时，对于老客户的维护也极其重要，因为留住一个老客户比吸收一个新客户要容易得多。

任务实施

能够向客户提供服务意味着双方合作关系的正式建立。如果想要使这种关系维持下去，就必须不断地对关系加以维护，即对客户的决策、组织机构（家庭财务状况）、业务进展（所购产品）进行全程监控。同时，现有客户是最好的广告，因此更应重视客户关系的维护。

一、送别客户

（1）送别客户时应主动为客户开门，待客人走出门后，再紧随其后送客户出门。

（2）可在适当的地点与客人握别，对于高级别客户可送至理财室或银行门口，对于重要客户可送至银行门口或停车场等。

（3）在送别高级客户后，应向客户发送短信表示感谢。若为第一次见面，则应在短信中向客户说明自己是其专属客户经理，客户若有问题可随时询问。向客户发送短信时应统一使用银行短信营销模板。

二、后续服务

（1）客户经理在接待完客户后，应在信息平台更新联系计划，记录沟通结果及客户需求，并为有需求的客户拟好下一次的联系计划。同时，应更新信息平台中的客户信息，补充新收集的信息。

（2）应按照银行统一的金融产品售后服务要求，对达成销售的客户进行销售感谢、产品确认、产品信息告知等工作。

三、维护客户关系的基本方法

（一）追踪制度

追踪工作的目的是提高客户使用银行产品的满意程度，维护银行与客户关系的正常化及稳定发展，具体策略如下。

（1）向客户提供有用的各种信息，包括银行金融产品的市场信息，相关的宏观经济信息，新的业务机会，以及对客户有用的其他信息。

（2）在提供银行金融产品的过程中，应讲求质量、效率，力求让客户满意。

（3）通过电话、书信等途径与客户保持沟通。

（4）随时将银行业务开展及内部管理方面的最新进展告知客户。

（5）在每次追踪活动结束后尽快更新原有的客户记录。

（6）推动客户经理间关于客户服务的交流活动。

（7）根据客户的日程安排追踪活动。

（8）为了让客户得到心理上的满足，客户经理应既会做事，也会做人。

（二）电话或邮件维护

电话或邮件维护是最常见的，成本最低的，同时也是最难追踪的维护活动。

（1）在拜访刚结束不久打电话或寄邮件给客户，或者表示感谢，或者询问一些问题。

（2）强调个性化。例如，提供能够引起客户注意并激起兴趣的信息，以便给客户留下深刻印象。

（三）温情追踪

每个人都喜欢别人的感谢，客户经理要使客户感到被感谢，最常用的方式就是通过打电话或发短信。温情注重的要义在于让客户意识到他被感谢。在表示感谢时应特别注意用语。

（四）产品跟进

客观上不存在永远忠诚的客户，只有依靠高质量的产品服务和必要的感情维系才能保证客户不丢失。

（1）承诺的服务坚决履行到位，如果遇到特殊情况导致某个金融产品的服务跟不上，则必须主动向客户说明情况，以取得客户谅解。

（2）不仅应向客户提供协议中规定的金融产品服务，还应围绕客户的新需求，动用自身及银行所有资源，尽力创造新的金融理财产品。

（五）维护拜访

维护拜访是对现有客户的再拜访。

（1）拜访前应参考过去的拜访报告、客户卷宗、前次拜访的记录，以分析和评估与客户的原有关系。

（2）在维护拜访中，应注重发现新问题，因为新问题往往意味着新机会。

（3）在维护拜访时，应征询客户使用银行金融产品的满意程度，以及对前一时期双方合作的看法。

（4）维护拜访将近结束时，应与客户约定下次见面的时间。

（5）增加维护拜访客户的频率。

（六）维护机制

维护机制是指通过建立银行与客户间的双向沟通机制来维护双方的关系。具体策略是，在做好客户维护服务的同时，应注意做好银行与客户之间的协调、交流工作，由此建立一个双方关系的维护机制。

（七）超值维护

超值维护是指向客户提供超出其心理预期的、具有人情味的服务，具体策略如下。

（1）让客户体会银行所提供的服务的文化品位，使其感到与众不同。

（2）加深对客户的感情投资，在常规的维护之外，关注并随时解决客户日常生活中遇到的问题。

（3）依靠集体的氛围、个人的敬业精神、高超的业务技能、良好的修养与文化素质感召客户。

（4）开展知识维护，提升服务档次，运用新知识、新理念赢得客户的尊重。

> **讨论探究**：你对做好客户维护哪些建议？
> **课堂随笔**：_____
> _____
> _____

任务反馈

1. 送别客户时需要注意哪些问题？
_____
_____
_____
_____

2. 思考客户维护最重要的三点内容是什么，并说出原因。
_____
_____
_____
_____

任务评价

结合任务评价表，对完成任务情况做出评价。

任务评价表

工作任务			掌握送别客户和后期维护的要点	
评价要点			评价标准	评价得分
出勤情况			☆☆☆	
遵守职业岗位纪律情况			☆☆☆	
任务实施	小组讨论探究，阐述回答，展示团队及团队合作的有效性	自评	☆☆☆	
		他评	☆☆☆	
		师评	☆☆☆	
任务反馈情况			☆☆☆	

任务拓展

了解非银行机构对客户的后期维护方式和情况，将你认为有用的信息记录下来。

_____
_____
_____

知识链接

强化同客户的合作关系

（1）建立客户名册表，对不同的银行客户实现差别对待。

不同客户对银行的需求不同，客户经理应根据业务开展情况及客户对银行的需求对客户进行分类。

（2）善于发现影响客户的征兆，并及时加以修补。

银行与客户的关系产生裂痕主要有如下一些征兆。

① 客户经理喜欢与客户争辩，而且总想辩赢对方。

② 客户经理按照自己的价值观判断客户的需求且付诸实践。

③ 征求客户的意见却又不采纳，并被客户知晓。

④ 多次指出客户的缺点甚至不足，引起客户的反感。

⑤ 只讨好对自己有帮助的客户，对其他客户不热情。

⑥ 当对自己有过帮助的客户已无利用价值时，再次碰面时就设法避开。
⑦ 不喜欢与自己意见不合的客户碰面或交谈问题。
⑧ 客户经理因为自己有事而变更约定时间，却不向客户解释和道歉。
⑨ 客户有困难时，只要与自己无关就设法回避。
⑩ 为人处世表里不一且被客户发觉。
⑪ 同客户见面的间隔时间拉长、次数变少，且对客户变得不热心。
⑫ 接到客户的投诉。
⑬ 听到客户已开始与其他银行接触的消息。

（3）掌握银行与客户的业务往来情况。

掌握客户关系维护的基本资料，并及时掌握银行与客户的业务往来情况。

项目二

金融产品服务规范与注意事项

项目内容

任务一　金融产品服务规范
任务二　金融产品服务注意事项
任务三　个性化客户服务

项目目标

1．了解商务礼仪规范。
2．掌握金融产品服务的注意事项。
3．结合客户的特点为客户提供投资组合式的金融产品。

任务一　金融产品服务规范

任务情景

客户刘女士在银行购买金融产品后，对客户经理的服务非常满意，在之后的回访电话中她也特别强调了这一点。让我们一起来学习如何为客户提供规范的服务吧。

任务布置

了解商务礼仪规范，运用正确的商务礼仪为客户提供优质服务。

讨论探究： 你了解的商务礼仪有哪些？
课堂随笔： _____
_____
_____

任务分析

银行涉及的基本商务礼仪主要包括接待礼仪和电话礼仪，对于这方面的知识我们应该熟练掌握，并牢记于心，以便运用这些礼仪给客户留下好印象。

任务实施

一、接待礼仪

（一）环境

各种办公用品摆放整齐，保持室内空气清新，营造一个整洁美观、和谐轻松、优雅舒适的工作氛围。舒适的办公环境有利于业务洽谈的顺畅和成功。

（二）微笑

（1）微笑的基本做法是不发声，肌肉放松，嘴角两端向上略微提起，面含笑意，以露出 6 至 8 颗上排牙齿为宜。

（2）微笑时要注意眼睛、语言、身体的结合。微笑要发自内心，平时可进行微笑训练，防止不由衷的生硬假笑。

（三）沟通

（1）交谈用语要有"礼"，要使用标准银行话术。

（2）肢体神态的沟通需要用到眼睛、神情和肢体姿态。例如，用赞许的眼神、会心的微笑，一举手、一投足都要表达出自己的真实感受。

（3）一个优秀的客户经理在掌握沟通环节技巧的同时，不仅要以语言的"礼"说服客户，还要以举止的"仪"吸引客户，只有这样才能恰当地表达自己的意愿，为营销成功做出有力的铺垫。

（四）倾听

（1）在倾听时，要平视客户，全神贯注，不能东张西望。心不在焉的表情会让客户感到不舒服。

（2）在倾听客户意见时，如果自己认同对方的观点，则应以微笑、点头等动作表示同意。

（3）在倾听的过程中，可使用"嗯""好""是"等语气词加以回应，表示自己在认真倾听，但应使用得当，不可以过于频繁。

（五）交谈

（1）客户经理应以客户为中心，礼让对方，尊重对方，以客户的需求作为服务的准则。

（2）在与客户交谈的过程中，力求言语表达准确、清晰，语调温和、悦耳，谈吐落落大方又表情达意。掌握这一技巧会显得礼貌、得体。

（3）与客户交谈的目的在于双方的沟通。应注意的方面包括用词准确、语气谦和、少用方言、双向沟通、陈述简明、慎用外语、学会赞美。

（4）主动问话、打破僵局。在与客户沟通时，难免会出现停顿，这时切记不要冷场，应打破僵局，设法找出共同话题。在沟通过程中，无论与客户交谈的话题是否与正在沟通的主题有关，都应全神投入、积极回应。

> **讨论探究**：你认为银行服务礼仪还需要注意哪些方面？请补充在下面。
> **课堂随笔**：_____
> _____
> _____

二、电话礼仪

（1）选择最佳时间。不要在客户休息的时间内拨打电话，如果是工作电话，则应尽量选择工作的时间，不要占用客户节假日及休息时间。

（2）礼貌接打电话。电话应在铃声响过两声之后立即接听，礼貌问候并自报家门，如"您好，×××银行，请问有什么可以帮助您？"

（3）接打电话时应轻拿、轻放，应由客户首先挂断电话。

（4）整理通话内容。通话中要突出要点，条理清晰，并且要长话短说。客户经理应掌握"电话沟通三分钟"的原则，在拨打客户电话时要有意识地养成好习惯，每次通话控制在三分钟之内。

（5）体现文明。接通电话后首先要向客户亲切问候，等候客户回应后主动自报单位、姓名及职务，然后再进入主题。在通话即将结束之际，应主动说"再见"。

三、交换名片、递接文件或资料

（一）名片递送规则

（1）递送名片。递送名片的顺序是由尊而卑、由近而远。递送名片时应站立，双手拇指和食指持名片递给客户,眼睛应注视对方,面带微笑,并大方地说:"这是我的名片,有问题时尽管联系我"等礼貌用语。

(2)接受名片。接受名片时应站立,面带微笑注视对方。接过名片时应说:"谢谢!"随后应认真阅读名片,阅读时可将对方的姓名、职衔念出声来,并抬头看看对方的脸,使对方产生一种受重视的满足感。回敬一张自己的名片,如果身上未带名片,则应向对方表示歉意。在话题结束前不必将对方的名片收藏起来。

(3)以尊重、安全、方便对方为原则,递给对方文件或资料时,应将文件或资料正面正向双手递向对方。

(二)递送禁忌

(1)忌使用左手或单手递送名片或物品。
(2)忌以两根手指夹着名片递送名片或单据。
(3)忌折叠或玩弄对方的名片、证件、物品及资料。

任务反馈

1. 试着进行客户电话回访,将你的话术记录下来。

_____
_____
_____
_____

2. 与同学一起模拟为客户提供优质的商务礼仪服务的场景,并将问题和解决办法记录下来。

_____
_____
_____
_____
_____

任务评价

结合任务评价表,对完成任务情况做出评价。

任务评价表

工作任务 评价要点			了解银行服务的规范礼仪，以及注意事项	
			评价标准	评价得分
出勤情况			☆☆☆	
遵守职业岗位纪律情况			☆☆☆	
任务实施	小组讨论探究，阐述回答，展示团队及团队合作的有效性	自评	☆☆☆	
		他评	☆☆☆	
		师评	☆☆☆	
任务反馈情况			☆☆☆	

任务拓展

除现场和电话连线外，我们还会通过哪些渠道为客户提供服务？如何做才能令客户感受到我们的优质服务？

_____
_____
_____
_____
_____

知识链接

户外礼仪

在城市待久了的都市人，逐渐开始追逐一种返璞归真的时尚生活。到郊外旅游，吃农家饭，住农家院的惬意生活已悄然兴起。当你和客户欢快地走在田埂上，品尝着农家自种、自养的美味菜肴时，你应该热情主动地介绍这里的田园风光和自然美景，尽量让客户放松休闲。要以客户的满意作为郊游的目的。陪同客户的任何户外休闲活动，都是银行业务的延伸和继续，都是银行礼仪和银行员工修养的体现。通过户外活动，可以扩大客户资源范围，同时也是有效的工作方式和工作方法，无论和客户一起从事哪一种户外活动，都应当遵守金融服务的礼仪标准。

任务二　金融产品服务注意事项

任务情景

实习生小张跟随客户经理进行实习，通过观察他发现，客户经理很多时候即使营销工作不成功也会与客户互相留下联系方式，以方便日后联系。因此，很多客户后续有了理财需求也会找到客户经理。小张想向客户经理请教：在与客户沟通时需要注意哪些事项。

任务布置

了解与客户沟通时应注意的事项，并灵活运用到实际工作当中去。

讨论探究：与客户沟通时的注意事项有哪些？
课堂随笔：_____
_____
_____

任务分析

"沟通是一门艺术。"我们在与客户沟通时要谨慎并讲求方法，切不可引起客户的反感与不快。因此，与客户沟通时的常识、技巧和注意事项都是我们需要牢记并掌握的，以便我们可以使用正确的商务礼仪为客户提供优质服务。

任务实施

一、与客户沟通的一般常识

（一）区别对待：不要公式化地对待客户

为客户提供服务时，如果客户经理的回答过于公式化或敷衍了事，则会令客户感觉银行的态度冷淡，没有礼待他们，从而造成客户不满。因此，与客户沟通时要注意以下几点。

1. 说话时看着客户

如果客户经理只是自己一个人说个不停，忽略客户，那么无论使用多么礼貌恭敬的语言，客户都会觉得很不开心。因此，说话时要看着客户。但是，如果一直看着客户，客户又会觉得有压迫感。因此，要以柔和的眼光看着客户，并真诚地回答客户的问题。

2. 经常面带笑容

说话时如果面无表情，就很容易引起误会。在交谈时应多向客户示以微笑，客户、周围的人，甚至自己都会觉得很快乐。但是，如果微笑运用不当，或者笑容与谈话无关，那么又会另客户感到莫名其妙。

3. 用心聆听客户说话

交谈时需要用心聆听客户说话，了解客户要表达的信息。如果一个人长时间述说，那么说话的人很累，听话的人也容易疲倦。因此，在交谈时适度地互相对答比较好。

4. 说话时要有变化

要随着所说的内容，在说话的速度、声调及声音的高低方面做适度的改变。如果像机械人说话那样语气没有抑扬顿挫的变化，那么就会令人感到没有趣味。因此，客户经理应多留意自己说话时的语调、内容，并逐步改善。

（二）获取客户的心比完成一单销售更为重要

"不在乎曾经拥有（客户），但求天长地久（客户的心）"。曾经拥有只能带来短暂收益，天长地久却能使短期利益及长期利益双丰收。

（三）眼脑并用

1. 眼观六路，耳听八方

要通过观察判断真假，不要相信客人搪塞的话，要抓住客户的心理反应，抓住客户的眼神，要多用眼睛去看，多用心去留意，多用耳去听。

2. 留意客户的思考方式

人类的思考方式是通过眼睛去看然后反映到大脑的思维，因此我们可利用这一点来加强客户的视觉反应，增强其感觉，加深印象，使客户通过自己理性的分析愿意购买感官性强的金融产品。

二、与客户沟通时的注意事项

（一）注意情绪，勿悲观消极，应乐观看世界

不良情绪会令心情欠佳甚至意志消沉。但在与客户沟通时，必须撇开这些不良情绪，

不可流露出丝毫的消极态度，否则无法使客户产生信心和好感。

（二）知己知彼，配合客户说话的节奏

客户的说话习惯不同，节奏有快有慢，要配合客户的说话节奏才是上乘之策。因此，事前了解客户的性格也很重要。

（三）多称呼客户的姓名

交谈中，应记住客户的名字，不要出错，尤其是初次会晤的客户。每个客户都喜欢别人记住自己的名字，因为借此可衡量自己在他人心目中的重要性。

（四）语言简练、表达清晰

交谈中，如果说话啰唆、概念模糊、未能清楚表达意见，则会严重影响交流效果。因此，交谈中要注意措辞，用简练的语言表达自己的意思，令客户能够听得清楚。

（五）从客户的角度考虑问题

轻松的商谈气氛是很重要的，尤其是多些微笑，运用幽默的语言，可打破沉默，减少彼此之间的冲突和摩擦。遇到有分歧时，不可立即反驳客户的观点，应首先说："您的建议很好，但可不可以考虑一下以下的意见"，然后说出自己的看法。这样做，既尊重了对方的建议，又陈述了自己的看法。

（六）产生共鸣感

交谈时，如果自己的见解能够获得对方的认同，则是一件令人感到快乐的事情。当双方对某一观点产生共鸣时，便会愉快地继续话题。反之，如果一方的观点不被认同，则继续交谈会显得没有趣味，从而导致交谈无法进行下去。在交谈过程中，适当时点头表示赞同或站在客户的立场来考虑问题，可增进彼此间的感情，对工作帮助很大。应细心地找出客户的关注点和兴趣点。

（七）不要打断客户的说话

交谈时，如果客户经理在客户未说完整句话时便插嘴打断客户说话，那么这是很不礼貌的，这会使客户感到不舒服。在听完客户的话后再回答，可以减少误会的发生。

（八）批评与称赞

不要批评对手的公司或产品，也不要称赞客户对手的服务或产品。应多称赞对手的长处。适当的称赞，会令客户难以忘怀。

（九）勿滥用专业化术语

与客户交谈或做介绍时，应多使用具体形象的语句进行说明，在使用专业术语时或做抽象介绍时，可使用一些深入浅出的词汇。

（十）学会使用成语

交谈时适当使用一些成语，可以让客户感觉到客户经理的素质和内涵，同时可增加客户与客户经理交谈的欲望。

> **讨论探究**：你认为在沟通过程中还有哪些内容需要注意？
> **课堂随笔**：_____
> _____
> _____

任务反馈

1. 沟通中需要注意的问题有哪些？

_____
_____
_____
_____

2. 与客户沟通时重要的事项有哪些？

_____
_____
_____
_____
_____

任务评价

结合任务评价表，对完成任务情况做出评价。

任务评价表

工作任务			掌握与客户沟通的一般常识及注意事项	
评价要点			评价标准	评价得分
出勤情况			☆☆☆	
遵守职业岗位纪律情况			☆☆☆	
任务实施	小组讨论探究，阐述回答，展示团队及团队合作的有效性	自评	☆☆☆	
		他评	☆☆☆	
		师评	☆☆☆	
任务反馈情况			☆☆☆	

任务拓展

上网了解与客户沟通时还有哪些应注意的事项，并补充在下面。

_____
_____
_____
_____
_____

知识链接

在处理客户抱怨、纠纷的过程中，客户经理应遵守的一些行事准则如下。

1. 倾听

处理客户投诉的第一个步骤就是倾听，在倾听过程中一定要表现出诚意，不能打断客户的讲话。如果是当面倾听客户的投诉，则要首先把客户请到会客室，为客户倒杯水，还要注意用肢体语言去"听"。例如，客户经理要正视对方，身体稍微前倾表示自己的专注。

2. 理解

当客户在进行投诉时，可能正处于非常激动状态，并且有些客户可能存在不理智的言行。这时，为了避免事态的扩大，可以使用适当的语言表达对客户的理解和肯定，这也是客户想要得到的。可以通过"点头"等肢体语言鼓励客户继续讲下去，同时取得客户的信任。切忌生搬硬套使用术语、刺激客户，使事态恶化。

3. 分析

及时分析客户投诉的原因，对症下药。客户投诉的原因一般包括主观和客观两方面原因。主观原因主要是由于客户对产品不了解，或者是自身习惯造成的，这就需要客户经理对客户进行耐心的解释。客观原因主要是因为服务人员对客户不礼貌造成的，此时应及时向客户道歉，并解决客户提出的问题。

4. 处理

倾听完客户的投诉后，应及时表达自己的观点。首先要感谢客户的关注及信任，并表达出会进一步改善的诚意，切忌随意承诺，以免因无法满足客户需求，引起更多不满。可以使用"三明治"法则：要尽量设身处地为对方着想，让客户感觉自己被重视，在赞美中解决问题；不要害怕投诉，也不要不重视客户；在自己无法解决问题的情况下，一定要及时向上级汇报，注意不要隐瞒问题。

任务三　个性化客户服务

任务情景

客户张女士的家庭为中产家庭，张女士已毕业五年，现在供职于一家金融公司，她有一些资产累积，计划投资金融产品，但在金融产品的选择上还比较迷茫，于是她来到银行想咨询多样化投资方案。让我们一起学习投资组合的知识，帮助张女士吧。

任务布置

熟悉投资组合的含义及基本方式。

讨论探究： 可以进行投资组合的金融产品有哪些？
课堂随笔： _____
_____
_____

任务分析

随着金融市场的革新，以及新生金融产品的不断产生，人们可选择投资的金融产品日渐增多。对于没有金融知识、理财经验的客户而言，没有依据的选择无疑显得盲目。因此，本任务从客户角度出发，运用投资组合的知识，帮助客户配比适合客户特有情况的金融产品，为其提供个性化的客户服务。

任务实施

一、投资组合的基本概念

投资组合是由投资人或金融机构所持有的股票、债券、金融衍生产品等组成的集合，目的是分散投资人的风险。投资组合可以看作几个层面上的组合。第一个层面组合是指，由于安全性与收益性的双重需要，考虑风险资产与无风险资产的组合。例如，为了安全性需要组合无风险资产，或者为了收益性需要组合风险资产。第二个层面组合是指，考虑如何组合风险资产，由于任意两个相关性较差或负相关的资产组合，得到的风险回报都会大于单独资产的风险回报，所以不断组合相关性较差的资产，可以使得组合的有效资产远离风险。

二、投资组合的三种基本方式

（一）保守型投资组合

适合人群：收入不高、追求资金安全，在选择产品时比较偏重于安全性高的产品的个人和家庭。

这种投资组合的特点是：投资风险较低、收益低、资金流动性较高。

建议投资资金的比例：储蓄和保险占比70%，其中储蓄占比60%，保险占比10%；固定收益类理财占比20%；其他投资占比10%，如黄金收藏等。储蓄、保险和固定收益类理财方式都属于收益稳定、风险较小的投资方式，就算投资失败也不会影响个人或家庭的正常生活。

（二）稳中求进型投资组合

适合人群：不满足获取稳定的收益、具有一定抗风险能力、中以上等收入、希望财富快速增长的个人和家庭。适合刚结婚到35岁间的人群，他们精力充沛，投资失败也无妨，可以有能力继续投资的家庭；45~50岁间的人群，他们孩子成家了，基本无家庭负担，手头上还有些积蓄的家庭。

这种投资组合的特点是：市场风险适中，收益率较高，若投资正确则能够使家庭财富迅速增值。

建议投资资金的比例：储蓄和保险占比40%；固定收益类理财占比20%；股票投资占比20%；黄金收藏类其他投资占比20%。

（三）激进型投资组合

适合人群：收入丰厚，资金实力雄厚，投资无后顾之忧。激进型投资组合适合那些高薪阶层，家庭拥有很多财富，月收入高于支出，将家庭闲置资金进行一些高风险投资，同时也获得高收益。

这种投资组合的特点是：风险和收益水平很高，投机的成分比较重。激进型投资组合投资资金分配呈倒三角形，重点是选用股票、期货期权等投资工具。

建议投资资金的比例：储蓄和保险占比20%；股票类投资占比30%；房地产、期货类投资占比50%。

任务反馈

1. 请分析投资组合的价值。

_____

_____

_____

2. 请说明投资组合的三种基本方式。

_____
_____
_____

任务评价

结合任务评价表，对完成任务情况做出评价。

任务评价表

工作任务 评价要点			了解投资组合的基本概念及三种基本方式	
			评价标准	评价得分
出勤情况			☆☆☆	
遵守职业岗位纪律情况			☆☆☆	
任务实施	小组讨论探究，阐述回答，展示团队及团队合作的有效性	自评	☆☆☆	
		他评	☆☆☆	
		师评	☆☆☆	
任务反馈情况			☆☆☆	

任务拓展

学习了这么多投资的相关知识，你有没有小试牛刀的冲动？选择一位朋友，试着根据他的特有情况为他进行个性化投资组合产品配比吧。

_____
_____
_____

知识链接

保本投资组合小技巧

选择任何金融产品时收益与风险都在相辅相成地相互拉扯与作用，如何才能达到理想的保本高收益，这就需要应用投资组合搭配的技巧。以下介绍两种简单的小技巧。

第一种，本金拆分法。

本金拆分法就是把本金拆成两个部分，一个部分用于保本，另一个部分用于搏一搏。

例如，客户有 100 000 元人民币，拿出 95 000 万元投资最保险的银行理财，预计年化收益率为 5%，剩下的 5 000 元人民币就可以搏一下。

如果失败了就相当于损失的是 95 000 万元人民币的年化收益率 5%。到年底时，100 000 万元人民币还是存在的。如果剩下的 5 000 元人民币盈利了，收益就会更多一些。

第二种，收益再投资。

客户将 100 000 元人民币都投入特别稳健的金融产品，如年化收益率为 5%的银行理财产品，每年收益为 5 000 元人民币。再拿着 5 000 元人民币的收益去做一些风险比较大同时收益也比较大的投资，也就是拿着利润再去投资。

通过这种收益再投资的方法，可以在固定收类和基金定投这两种产品之间做一个组合。例如，100 000 元人民币投一个年化收益率为 5%的银行理财产品，再将每个月收益的 400 多元人民投入基金定投。

这种组合方式既能够保证本金，也许又能够有一个不错的收益。

反侵权盗版声明

电子工业出版社依法对本作品享有专有出版权。任何未经权利人书面许可，复制、销售或通过信息网络传播本作品的行为；歪曲、篡改、剽窃本作品的行为，均违反《中华人民共和国著作权法》，其行为人应承担相应的民事责任和行政责任，构成犯罪的，将被依法追究刑事责任。

为了维护市场秩序，保护权利人的合法权益，我社将依法查处和打击侵权盗版的单位和个人。欢迎社会各界人士积极举报侵权盗版行为，本社将奖励举报有功人员，并保证举报人的信息不被泄露。

举报电话：（010）88254396；（010）88258888

传　　真：（010）88254397

E-mail：　　dbqq@phei.com.cn

通信地址：北京市万寿路 173 信箱
　　　　　电子工业出版社总编办公室

邮　　编：100036